Gras, Gobaith a Gogoniant

Gras, Gobaith a Gogoniant

crefydd ac ysbrydolrwydd
yng ngwaith Emrys ap Iwan

D. Densil Morgan

GWASG PRIFYSGOL CYMRU
2024

Hawlfraint © D. Densil Morgan, 2024

Cedwir pob hawl. Ni cheir atgynhyrchu unrhyw ran o'r cyhoeddiad hwn na'i gadw mewn cyfundrefn adferadwy na'i drosglwyddo mewn unrhyw ddull na thrwy unrhyw gyfrwng electronig, mecanyddol, ffotogopïo, recordio, nac fel arall, heb ganiatâd ymlaen llaw gan Wasg Prifysgol Cymru, Cofrestrfa'r Brifysgol, Rhodfa'r Brenin Edward VII, Caerdydd CF10 3NS

www.gwasgprifysgolcymru.org

Mae cofnod catalog i'r llyfr hwn ar gael gan y Llyfrgell Brydeinig.

ISBN 978-1-83772-198-6
e-ISBN 978-1-83772-199-3

Datganwyd gan D. Densil Morgan ei hawl foesol i'w gydnabod yn awdur ar y gwaith hwn yn unol ag adrannau 77 a 79 Deddf Hawlfraint, Dyluniadau a Phatentau 1988.

Cysodwyd gan Richard Huw Pritchard
Argraffwyd gan CPI Antony Rowe, Melksham

Cyflwynedig i Deulu Blaenfallen

Rob, Delyth, Tryfan a Rhodri
heb anghofio Christina

Cynnwys

Rhagair — ix

Rhestr dyddiadau a ffeithiau bywgraffyddol — xi

Byrfoddau — xiii

Pennod 1: Emrys ap Iwan yn yr ugeinfed ganrif a thu hwnt

   i. T. Gwynn Jones a Saunders Lewis — 1
   ii. R. T. Jenkins a D. Myrddin Lloyd — 6
   iii. Yr adwaith a chanol y ganrif — 11
   iv. Y saithdegau a'r wythdegau — 15
   v. Y ganrif newydd — 21

Pennod 2: Y Beibl a'r cyd-destun diwinyddol

   i. Emrys ap Iwan a'r Beibl — 27
   ii. Y cyd-destun diwinyddol — 38

Pennod 3: Emrys ap Iwan a sylwedd y ffydd

   i. Trindodaeth a'r athrawiaeth am Dduw — 49
   ii. Cristoleg ac athrawiaeth yr iawn — 57

Pennod 4: Ufudd-dod ffydd, yr eglwys a'r sacramentau

   i. Ffydd, gweithredoedd a phrofiad — 69
   ii. Athrawiaeth Emrys am yr eglwys — 79
   iii. Y sacramentau: bedydd a'r cymun — 88

Pennod 5: Cenedlaetholdeb a diwinyddiaeth diwylliant
    i.   Cenedlaetholdeb Emrys   95
    ii.   Y gorchymyn diwylliannol   102

Pennod 6: Eschatoleg a'r Farn   107

Pennod 7: Bwrw golwg yn ôl   119

Mynegai   133

Rhagair

Yn 1973, fel myfyriwr israddedig yn Adran y Gymraeg, Coleg y Brifysgol Bangor (fel yr oedd bryd hynny), y clywais gyntaf am Emrys ap Iwan. Wrth ein tywys ar hyd llwybrau rhyddiaith yr ugeinfed ganrif, eglurodd eglurodd Mr Dafydd Glyn Jones deithi meddwl Emrys, a'u cymharu a'u gwrthgyferbynnu ag eiddo ei gyfoeswr mawr O. M. Edwards, gan esbonio'u harwyddocâd. Fel un o dadau cenedlaetholdeb modern y darluniwyd Emrys, yn sylwebydd craff ar ffolinebau ei gyfnod, yn feirniad llenyddol treiddgar ac yn glasurydd o ran ansawdd ei Gymraeg. Wedi i mi ddechrau pori yn yr *Homilïau*, sylweddolais ar ben y pethau eraill pa mor gyfoethog ac unigryw oedd ei ddehongliad o'r ffydd Gristnogol, ac o hynny ymlaen bu ei weithiau yn foddion cynhaliaeth parhaus. Aeth y degawdau heibio, ond yn 2022, wedi i mi gwblhau *Theologia Cambrensis*, fy ymgais i fapio hanes a datblygiad diwinyddiaeth yng Nghymru rhwng 1588 a 1900, bwriais ei bod yn bryd i mi archwilio natur cyfraniad Emrys ap Iwan i'r meddwl Cristnogol Cymraeg. Ffrwyth y bwriad hwnnw yw'r gyfrol hon.

Hoffwn ddiolch i bawb a fu'n gynorthwyol i mi yn y dasg. Rhodd gan y diweddar Barchg Dewi Eirug Davies, tad fy nghyfaill Aled Eirug, oedd fy nghopi cyntaf o gyfrol gyntaf yr *Homilïau*, eto yn ôl yn 1973. Mae'r mynych danlinellu sydd yn y copi hwnnw a'i gyflwr treuliedig yn dyst o'r defnydd a wnaed ohono. Pleser, ar ôl hanner canrif, yw dwyn hynny i gof. O ran y cymwynaswyr diweddar, rhaid nodi Delyth Morgans Phillips,

Dafydd Ifans, a'r Athro Dafydd Johnston a ddarllenodd benodau o'r gwaith a'm cadw rhag aml lithriad gramadegol gan mwyaf. Agorodd Dafydd Johnston (a ddarllenodd y deipysgrif ar ei hyd) fy llygaid i sawl peth a ddylai wedi bod yn amlwg i mi, gan awgrymu blaengarwch Emrys a pherthnasedd ei syniadaeth i ofynion ein dyddiau ni. Gwerthfawrogaf hefyd adroddiad darllenydd y Wasg a gymeradwyodd y gwaith i'w gyhoeddi.

Mae'r astudiaeth yn seiliedig ar gynnyrch argraffedig Emrys yn nwy gyfrol yr *Homilïau* a olygwyd gan Ezra Roberts yn 1906 a 1909, yn y gyfrol ddi-ddyddiad *Pregethau* a olygwyd gan John Owen ac O. Madoc Roberts, ac yn netholiad tair cyfrol D. Myrddin Lloyd o erthyglau Emrys a gyhoeddwyd yn 1937, 1939 a 1941. Mae'r gweithiau hyn yn gwahanu oddi wrth ei gilydd o ran orgraff. Ar wahân i'r dyfyniadau o'r ysgrifau 'Breuddwyd Pabydd wrth ei Ewyllys' a gadwyd fel yr oedd Emrys wedi'u llunio, diweddarais yr orgraff orau a fedrwn gan gadw rhai ffurfiau megis 'myned', 'dyfod', 'gweled', 'dywedyd', 'gwneuthur', ac yn y blaen, er mwyn sicrhau rhywfaint o flas y traethu gwreiddiol. Mae'r rhifau sy'n dilyn y byrfoddau yn y testun, sef *HI*, *HII* a *P*, yn cyfeirio at rif y bregeth yn y cyfrolau y dyfynnir ohonynt. Cyfeiria *HI* 1, er enghraifft, at y bregeth gyntaf yng nghyfrol gyntaf yr *Homilïau*, *HII* 5 at y bumed bregeth yn ail gyfrol yr *Homilïau*, a *P* 10 at y ddegfed bregeth yn y gyfrol *Pregethau*. Rhestrir y byrfoddau ar dudalen xi.

Hoffwn ddiolch, i gloi, i Wasg Prifysgol Cymru, sefydliad a fu'n gefnogol i mi ar hyd y blynyddoedd, am ymgymryd â'r cyhoeddi unwaith yn rhagor. Yn ôl eu harfer, bu Llion Wigley, Elin Williams, Dafydd Jones, Steven Goundrey, Georgia Winstone a'u cydweithwyr yn batrwm o gwrteisi a phroffesiynoldeb.

D. Densil Morgan
Llanbedr Pont Steffan
Calan Mai 2024

Rhestr dyddiadau a ffeithiau bywgraffyddol

1848: geni Robert Ambrose ar 25 Mawrth 1848 yn rhestai Ffordd-las, Abergele, yn un o bum plentyn i John a Maria Jones, y tad yn arddwr achlysurol ym Mryn-aber ac yng Nghastell Gwrych.

1863: 15 oed: mynd yn brentis siopwr i Lerpwl a dychwelyd ymhen y flwyddyn i fod yn arddwr ym Modelwyddan; aelod eglwysig ym Mynydd Seion, Abergele, lle roedd ei dad yn flaenor ac yn athro Ysgol Sul.

1868: 20 oed: ymrestru yng Ngholeg y Bala a'i addysgu gan Lewis Edwards a John Parry; dechrau pregethu dan nawdd y Cyfarfod Misol.

1872: 24 oed: ymadael i fod yn athro mewn ysgol breswyl yn Lutry ger Lausanne, y Swistir.

1875: 27 oed: treulio misoedd yn Heidelberg, Bonn a Giessen, yr Almaen.

1876: 28 oed: dychwelyd i fyw yn Abergele gyda'i rieni a'i chwaer.

1877: 29 oed: gweithio i Thomas Gee yn Is-olygydd *Y Faner* a chyfrannu erthyglau i'r *Gwyddoniadur Cymreig*; pregethu'n rheolaidd dan nawdd Cyfarfod Misol Dyffryn Clwyd.

1881: 33 oed: gwrthod ei ordeinio yn weinidog yng Nghymdeithasfa Llanidloes; cyhoeddi *Camrau mewn Grammadeg Cymraeg*.

1883: 35 oed: bodloni ei ordeinio yn weinidog gan Gymdeithasfa yr Wyddgrug.

1884: 36 oed: symud i Ddinbych i hwyluso'i waith yng ngwasg Gee.

1887: 39 oed: ymsefydlu'n fugail yn Rhuthun; agor capel y Tabernacl yn 1891.

1895: 47 oed: ymsefydlu'n fugail yn Nhrefnant.

1900: 52 oed: ymsefydlu'n fugail yn Rhewl.

1906: 58 oed: marw 6 Ionawr o ganser a'i gladdu ym mynwent capel Rhewl; cyhoeddi *Homilïau*, Cyfrol 1 (gol. Ezra Roberts).

1909: cyhoeddi ail argraffiad a *Homilïau*, Cyfrol 2 (gol. Ezra Roberts).

Byrfoddau

HI	Ezra Roberts (gol.), *Homilïau gan y Diweddar Barch. R. Ambrose Jones, Emrys ap Iwan* (Dinbych: Gee a'i Fab, 1906)
HII	Ezra Roberts (gol.), *Homilïau gan y Diweddar Barch. R. Ambrose Jones, Emrys ap Iwan*, Ail Gyfres (Dinbych: Gee a'i Fab, 1909)
P	John Owen ac O. Madoc Roberts (goln), *Pregethau gan y Diweddar Barch R. Ambrose Jones, Emrys ap Iwan* (Bangor a Chaernarfon: Llyfrfa'r Methodistiaid Wesleaidd a Llyfrfa'r Methodistiaid Calfinaidd, d.d.)
Erthyglau III	D. Myrddin Lloyd (gol.), *Detholiad o Erthyglau a Llythyrau Emrys ap Iwan III Crefyddol* (Y Clwb Llyfrau Cymraeg, 1941)

Pennod 1

Emrys ap Iwan yn yr ugeinfed ganrif a thu hwnt

T. Gwynn Jones a Saunders Lewis

Y ddau awdur sydd bennaf gyfrifol am sicrhau safle Emrys ap Iwan fel ffigur allweddol yn natblygiad llên yr ugeinfed ganrif a'r meddwl Cymreig modern yw T. Gwynn Jones a Saunders Lewis. Fel brodor o Sir Ddinbych, yn newyddiadurwr yn ogystal ag yn llenor creadigol, ac yn ddisgybl i'r arweinydd radicalaidd Thomas Gee, Jones yn *Emrys ap Iwan: Cofiant* (1912) oedd y cyntaf i olrhain camre bywyd ei wrthrych a mantoli ei arwyddocâd, tra mai Lewis, o ganol y dauddegau ymlaen, a droes y bywyd hwnnw yn rhan ffurfiannol o athroniaeth y cenedlaetholdeb beiddgar newydd. Roedd y ddau yn gewri llenyddol yn eu hawl eu hunain, ond nid y lleiaf o'u cymwynasau oedd tynnu sylw Cymru i gyfraniad unigryw un a fyddai fel arall wedi aros fwy neu lai yn anhysbys. Trwy eu llafur daeth Robert Ambrose Jones, yr ysgrifwr heriol a'r pregethwr cefn gwlad, yn ffigur o bwys yn hanes ein gwleidyddiaeth a'n llên. O hynny ymlaen rhoddwyd sylw eang iddo, ac erbyn dechrau'r unfed ganrif ar hugain roedd corff sylweddol o feirniadaeth wedi'i gyhoeddi arno.

Fel sylwebydd treiddgar a choeglyd ar wendidau Cymreictod ei oes ei hun, sef, yn fras, ddegawdau olaf Oes

Victoria, y rhoddwyd y pwyslais i ddechrau, ac yna ar ei waith fel gramadegydd ac yna fel beirniad llenyddol, yr arbenigwr pennaf er Lewis Edwards ar gynnyrch rhyddieithwyr mawr yr ail ganrif ar bymtheg ac wedyn. Yr Ewropead Cymreig cyntaf yn ei genhedlaeth, sefydlodd ganonau amgenach i dafoli priod deithi'r genedl. Er mai pregethwr oedd Emrys, yn weinidog ordeiniedig gyda chyfundeb y Methodistiaid Calfinaidd ac awdur dwy gyfrol ysblennydd o bregethau, sef yr *Homilïau*, nid yn ei grefydd roedd diddordeb y to cyntaf o'i edmygwyr, ond fel ysbrydolwr y mudiad cenedlaethol modern. I'w gyd-Fethodistiaid yn Nyffryn Clwyd, fodd bynnag, ac i'w gyfaill Ezra Roberts, golygydd yr *Homilïau*, crefyddwr ydoedd yn anad dim oll, yn fugail gofalus a wreiddiodd ei braidd yn yr efengyl a'u haddysgu'n fanwl yn y ffydd. Er nad oedd modd anwybyddu'r wedd grefyddol ar ei waith, ac i bawb a ysgrifennodd arno gydnabod hynny'n ffurfiol, ni chafwyd hyd yma ddadansoddiad manwl o'i gyfundrefn athrawiaethol na'i gyfraniad penodol i'r meddwl diwinyddol Cymreig. Ymgais fydd yr astudiaeth hon i gyflawni hynny o dasg.

Cafodd Gwynn Jones adnabod Emrys er yn gynnar iawn. Symudodd teulu Jones o Fetws-yn-Rhos i Abergele yn 1886, a thrwy eu cysylltiadau â Mynydd Seion, yr eglwys Fethodistaidd leol lle roedd tad Emrys yn flaenor ac yn athro Ysgol Sul, daethant i adnabod ei gilydd yn dda. Roedd Isaac Jones, tad Gwynn, yn edmygydd o Thomas Gee eisoes, ac un o weithiau cyhoeddedig cyntaf y mab oedd y gerdd 'Siôn Gorph' a ddychanai'r Methodistiaid Calfinaidd am eu polisi o sefydlu achosion Saesneg mewn ardaloedd Cymraeg lle nad oedd eu hangen. Dyma'r 'Inglis Côs' y bu Emrys yn brwydro mor ffyrnig yn ei erbyn ers tro byd. Ymddangosodd y gerdd yn *Y Faner* yn Ionawr 1885; roedd Gwynn yn 14 oed ar y pryd. Er mai yn Ninbych roedd Emrys yn byw bryd hynny cyn symud i Rhuthun yn 1887, mae'n amlwg i gwlwm cynyddol glòs dyfu rhyngddynt. Ymddiddorodd yn fawr yn ei waith creadigol a'i annog i fwrw ymlaen gyda'i lenydda. Cafodd Gwynn wersi mewn Lladin a

Groeg gan offeiriad lleol yn y gobaith o fatriciwleiddio ar gyfer Prifysgol Rhydychen. Oherwydd gwaeledd daeth dim o'r bwriad hwnnw, ond Emrys a borthodd ei ddiddordeb cyfamserol yn yr ieithoedd Ewropeaidd modern, Eidaleg, Ffrangeg ac Almaeneg, a chyn hir daeth i'w darllen yn rhwydd. Yn 1890 cafodd ei swydd gyntaf fel Is-olygydd ar *Y Faner*, gwaith y bu Emrys yntau yn ei wneud ddegawd ynghynt, ac ar achlysur ei briodas yn 1899, Emrys a fu'n gweinyddu. Er mai llenyddiaeth a gwleidyddiaeth radicalaidd oedd prif ymrwymiad y T. Gwynn Jones ifanc yn hytrach na chrefydd fel y cyfryw, ystyriai ei hun yn ddisgybl trylwyr i Emrys. Dymuniad Emrys, ar ei wely angau, oedd i'w bapurau gael eu trosglwyddo i'w gyfaill iau, a 'dyled disgybl i'w hen athro a'i gyfaill' oedd geiriau clo'r *Cofiant* pan ymddangosodd yn 1912.[1]

Saunders Lewis yn anad neb arall a ganoneiddiodd y cofiant hwnnw, a'i droi yn llawlyfr ar gyfer y mudiad cenedlaethol newydd. 'Dyma un o'r llyfrau anfynych hynny sy'n newid hanes', meddai, 'ac yn effeithio ar genhedlaeth gan ei hysbrydoli a rhoi cyfeiriad iddi'.[2] Milwr 23 oed oedd Lewis, adref o faes y gad, pan ddarganfu Emrys ap Iwan gyntaf. Yn fab, ŵyr a gorŵyr i weinidogion blaenllaw gyda'r Methodistiaid Calfinaidd, fe'i ganed a'i fagu yn Wallasey, Penrhyn Cilgwri, a'i addysgu ym Mhrifysgol Lerpwl. Ei fwriad cychwynnol oedd ymroi i lenydda yn Saesneg, ond gyda rhybudd ei dad, y Parchg Lodwig Lewis, na ddeuai ddim ohono nes iddo ddychwelyd at ei wreiddiau, dechreuodd ystyried hawliau a rhinweddau'r Gymraeg. Roedd ef eisoes wedi darganfod apêl cenedligrwydd trwy lenorion y dadeni Gwyddelig, W. B. Yeats, J. M. Synge a Padraic Colum, a thra yn Ffrainc yn ystod y Rhyfel Mawr darllenodd gyfres dair cyfrol y nofelydd Maurice Barrès *Le Culte du moi* ('Cwlt yr Hunan') a'i ddenu gan ei gysyniad o draddodiadaeth genedlatholgar radical. Fel hyn yr adroddodd yr hanes ar raglen deledu yn 1960:

> Rwy'n meddwl mai Barrès, ar ôl Yeats a'r Gwyddyl – Barrès a'm troes i'n genedlatholwr Cymreig o argyhoeddiad.

Wedyn, mi benderfynais fod yn rhaid i mi feistroli Cymraeg a darllen llenyddiaeth Gymraeg. Ac wedi hynny, ar wyliau, mi ddes adre i Gymru – roedd fy nhad wedi symud i Abertawe tra oeddwn allan yn Ffrainc, ac yno, yn siop 'Morgan and Higgs' ... tua'r flwyddyn 1916 rwy'n meddwl, mi gefais afael ar gofiant Emrys ap Iwan gan T. Gwynn Jones, ac fe setlodd hynny bopeth yr oedd Barrès wedi'i baratoi.³

Ailafaelodd yn ei yrfa academaidd ar ddiwedd y rhyfel, ac ar ôl cwblhau traethawd ymchwil ar glasuriaeth ym meirdd y ddeunawfed ganrif a gyhoeddwyd fel *A School of Welsh Augustans* (1924), fe'i penodwyd yn 1922 yn ddarlithydd yn y Gymraeg yn y coleg prifysgol newydd yn Abertawe. O'r platfform hwnnw y lansiodd ei raglen gyffrous o ail-ddehongli etifeddiaeth lenyddol y genedl yn ôl y safonau di-ofn, clasurol ac Ewropeaidd a ddarganfu yn ysgrifau eirias Emrys ap Iwan.

Ar yr un pryd â gosod allan rhaglen boliticaidd y Blaid Genedlaethol newydd yn ei lyfryn *Egwyddorion Cenedlaetholdeb* (1926), esboniodd ei genadwri lenyddol yn y traethawd cynhyrfus *An Introduction to Contemporary Welsh Literature* (1926), ac roedd ôl dylanwad Emrys ar y ddau. Roedd cyflwr llên Cymru erbyn canol Oes Victoria, meddai, yn alaethus: 'About 1870 Welsh literature was nearer to dying than at any previous moment in its story. And well it merited oblivion, for its disgrace was complete'.⁴ Roedd yn daleithiol, yn efelychiadol ac yn fâs, heb unrhyw ymwybyddiaeth o hynafiaeth tras nac urddas traddodiad:

> For us today Welsh literature has a history of twelve centuries. For the people of 1870 it had a history of twelve poor decades. They traced it back to 1750, to the hymns of the Methodist Revival and to the tenuous Augustanism of the Welsh followers of Pope ... [F]or them the single source of culture was the bleak classicism of the English eighteenth century.

A'r canlyniad? 'A people that has lost its past and lost its contact with civilization has no spiritual life at all'. Gyda deddf seneddol 1870 yn ystyried addysg o safbwynt iwtilitaraidd, materol ac yn gorfodi Saesneg ar blant Cymru, roedd y dyfodol yn dywyll odiaeth, '[t]hen a thing happened which changed the story of Welsh literature'. Roedd gan y peth hwnnw enw: 'His name was Emrys ap Iwan'.[5] Wedi treulio dwy flynedd ffurfiannol ar y cyfandir yn ei drwytho'i hunan yn y gwareiddiad Lladinaidd, dysgodd ystyried Cymru mewn goleuni newydd: 'He discovered Europe and Catholic Christianity and the literatures of the Latin nations', ac yn sgil hynny heriodd sectariaeth ddiffrwyth y Gymru Ymneilltuol, ei chulni deallusol a'i philistiaeth, ac aeth ati i adfer i'w llên safonau'r canrifoedd cynt:

> The language... was riddled with Anglicisms. English idiom dominated the prose and verse of the period ... Emrys ap Iwan deliberately wrote archaistically and with a purity of idiom unknown in his century. By his critical essays on style, on purity in writing, on Welsh grammar and on the Welsh prose classics and on French classics, he set a new standard for his age, taught men about the older Welsh literature and founded modern Welsh letters.

Dyna, i Lewis, *enfant terrible* dadeni cenedlaethol y dauddegau, ogoniant Emrys pan oedd yntau'n ddyn ifanc yn saith- ac wythdegau'r ganrif gynt. Er nad oedd modd gwahaniaethu rhwng y dasg wleidyddol a'r dasg lenyddol, pwysleisiodd yma genadwri Emrys fel purwr yr iaith a'i llên, a nododd hefyd fod i'w waith wedd grefyddol:

> He will live as a forerunner of the renaissance, as a literary critic of fine and catholic sympathies, as the author of two volumes of sermons comparable in matter and in style to those of Newman, and as the first Welsh European since the sixteenth century.[6]

Diwinydd pennaf dadeni Catholig Eglwys Loegr oedd John Henry Newman (1801–90), a thrwy gyfrwng ei bregethu mawreddog o bulpud Eglwys Fair yn Rhydychen y cyflawnodd ei waith. Digon priodol oedd y gymhariaeth hon, er mai ychydig hyd hynny oedd wedi sylweddoli gwir fawredd yr *Homilïau*.

R. T. Jenkins a D. Myrddin Lloyd

Cyfoeswr hŷn i Saunders Lewis ac un o lenorion mawr y dauddegau a'r tridegau oedd R. T. Jenkins. Yn athro ysgol yng Nghaerdydd ar y pryd ac un o'r rheini o gwmpas W. J. Gruffydd a ysgrifennai i'r *Llenor*, cylchgrawn y dadeni deallusol Cymraeg, mewn ysgrif bwysig a ymddangosodd yn rhifyn Ionawr 1925 o'r *Efrydydd*, rhoes sylw arbennig i'r *Homilïau*. Yn wahanol i Lewis, nid cenedlaetholwr gwleidyddol oedd Jenkins, ac er iddo yfed yn ddwfn o ddiwylliant Ffrainc, nid adweithiodd erioed yn erbyn gwerthoedd rhyddfrydol y capeli Ymneilltuol. Pan oedd yn fachgen ysgol yn y Bala ddiwedd y ganrif gynt, darllen ysgrifau O. M. Edwards ac Emrys, meddai, a enynnodd ynddo ddiddordeb mewn llenyddiaeth Gymraeg. Ar ôl sôn am genedligrwydd Emrys, ei atgasedd at lwfrdra a thaeogrwydd Cymru Oes Victoria ac am y ffaith mai bodolaeth y Gymraeg yn anad dim arall a wnaeth y Cymry yn Gymry, aeth ymlaen i ddweud pa mor hynod ar y pryd oedd ei ymwybyddiaeth Ewropeaidd. Os oedd Cymry deallus y presennol yn sylweddoli fwyfwy fod y genedl yn rhan o Ewrop yn hytrach nag yn ateg i Loegr a'r Ymerodraeth Brydeinig, i Emrys roedd y diolch am hynny. Ei fan gwan oedd ei wrthodiad ystyfnig i briodoli dim daioni i'r Saeson: 'Gellir awgrymu'n dyner fod un genedl estronol nad ymdrechodd Emrys yn rhy galed i'w deall, sef y genedl nesaf atom',[7] ond eto roedd ei weledigaeth gyffredinol yn iachusol a'i gyfraniad yn ddyrchafol.

Un peth na sylweddolodd y rheini na wyddent ddim am Emrys ond fel ymgyrchydd pigog o blaid hawliau'r iaith oedd ei fod yn weinidog ymroddgar ac yn fugail tyner, ac yn ei bregethau y gwelir ei wir fawredd:

> Oes fer sydd i waith mewn cylchgrawn, ac mae'n bosibl na buasai enw Emrys ap Iwan, y bugail gweithgar, yn ddim mwy na thraddodiad lleol oni buasai am ffaith ddamweiniol bron, sef ei anallu i bregethu heb bapur o'i flaen.[8]

Gweithiau bwriadol lenyddol a chain i'w rhyfeddu oedd ei bregethau, a phan drosglwyddwyd nhw i ofal ei gyfaill Ezra Roberts, golygydd dwy gyfrol yr *Homilïau*, roeddent eisoes yn barod i'w cyhoeddi. Y nodweddion y talodd Jenkins sylw neilltuol iddynt oedd ehangder rhyfeddol ei feddwl, ei ymwrthodiad llwyr â'r ysbryd sectyddol, ei awydd i gymell yn ei wrandawyr sancteiddrwydd buchedd, a'i ddealltwriaeth neilltuol o natur Duw: 'Ei syniad am Dduw yw pen a chorff efengyl Emrys ap Iwan'.[9] Un o gryfderau'r ysgrif yw'r dyfyniadau helaeth o destun yr *Homilïau* a roes flas i genhedlaeth newydd ar ansawdd ysbrydol y gwrthrych. Nid peth meddal, llipa oedd ysbrydolrwydd i Emrys ond peth arswydus o real, yn ymwneud â'r meddwl, y gydwybod a'r ewyllys yn fwy lawer nag â'r teimlad a'r emosiwn.

> Clywais y Dr P. T. Forsyth unwaith yn pregethu'n ddifrifol iawn ar 'Y mae gyda thi faddeuant fel y'th ofner', ond ni ddarluniodd ofnadwyaeth pechod yn rymusach nag a wnaeth Emrys ap Iwan.

Ac eto:

> Cofia llawer o'm darllenwyr am ddarn pregeth brawychus gan Newman ar y gwahaniaeth rhwng barn cymdeithas am ddynion a dedfryd Duw arnynt. Ond y mae'n amheus gennyf a ydyw'n fwy brawychus na darlun Emrys ap Iwan o bechodau dyn yn dyfod i'w gyfarfod ar ddiwedd ei oes.

Dyma frawddeg: 'Oni weli di'r llwch yn ymgodi oddi ar ffordd distryw, yng nglyn cysgod angau, tua gororau niwlog tragwyddoldeb?'[10]

Yn ôl R. T. Jenkins, felly, roedd Emrys yn cyfateb yng Nghymru i Forsyth, yr Ymneilltuwr, a Newman y Catholigwr, yn y traddodiad diwinyddol Seisnig.

Erbyn y tridegau roedd y cenedlaetholdeb newydd wedi dod yn ffactor ddiamheuol yng ngwead syniadol y genedl Gymreig. Roedd cylchgrawn *Y Llenor* yn llwyfan dylanwadol ar gyfer y to disglair o ysgrifenwyr ifainc a oedd wedi adweithio yn erbyn rhagdybiaethau Oes Victoria, tra daeth y Blaid Genedlaethol newydd a ffurfiwyd yn 1925 i gynnig gweledigaeth amgenach ynghylch dyfodol y wlad. Ymhlith yr ieuenctid hyn troes Emrys bellach yn arwr, a'r llyfr testun allweddol oedd *Cofiant Gwynn Jones*. 'Mi gredaf y tystia'r cwmni gwych o efrydwyr a gychwynnodd gyhoeddi'r *Wawr* yng ngholeg Aberystwyth a'r ddechrau'r rhyfel yn Ewrop', meddai Saunders Lewis, 'i'r llyfr hwn ddylanwadu'n fawr arnynt, a gwn am eraill oedd yn llanciau yn Ffrainc a drowyd yn genedlaetholwyr Cymreig trwy ei ddarllen'.[11] D. J. Williams, Ambrose Bebb a G. J. Williams ymhlith eraill oedd llenorion *Y Wawr*, a Lewis Valentine oedd un o'r llanciau a ddaeth i arddel cenedlaetholdeb yn sgil chwerwedd ei brofiadau fel milwr yn Ffrainc. Byddai pob un ohonynt maes o law yn datgan ei ddyled i Emrys. Lluniodd Valentine grynodeb o fywyd a chyfraniad Emrys yn nau rifyn cyntaf y cylchgrawn blaengar *Heddiw* yn 1936,[12] ac erbyn hynny roedd J. T. Jones ('John Eilian') wedi cynnwys dychan deifiol Emrys ar sectyddiaeth Cymru 'Breuddwyd Pabydd wrth ei Ewyllys', a ymddangosodd gyntaf yn *Y Geninen* rhwng 1890 ac 1892, fel y pedwerydd a'r pumed yn ei gyfres boblogaidd *Llyfrau'r Ford Gron*.[13] Ychwanegwyd hefyd at swmp cynnyrch Emrys yn y gyfrol ddi-ddyddiad *Pregethau* a ymddangosodd tua'r un adeg. 'Darganfuwyd y MSS megis ar ddamwain', meddai'r golygyddion, 'a thrychineb cenedlaethol, yn ôl ein barn ni, fyddai iddynt fod heb eu cyhoeddi'.[14] Cynhwysodd hon ddeunaw o bregethau a oedd yn newydd i'r cyhoedd darllengar Cymraeg. Erbyn canol y tridegau, felly, roedd y wybodaeth am gyfraniad Emrys wedi cynyddu yn ddirfawr.

Y cam allweddol nesaf yn y broses o ledu dylanwad gwaith Emrys oedd cyhoeddi detholiad tair cyfrol o'i ysgrifau dan nawdd y Clwb Llyfrau Cymraeg. Ymddangosodd *Detholiad o Erthyglau Emrys ap Iwan I: Gwlatgar, Cymdeithasol, Hanesiol* (1937); *II: Llenyddol, Ieithyddol* (1939); *III: Crefyddol* (1941) a chyflwynwyd y gyntaf i Saunders Lewis, yr ail i D. J. Williams a'r drydedd i Lewis Valentine. Roedd hyn yn dilyn helynt enwog y 'Tân yn Llŷn' pan ddedfrydwyd y tri i naw mis o garchar yn Wormwood Scrubs am ddifrodi adeiladau ar dir yr ysgol fomio ym Mhenyberth ger Pwllheli. Y golygydd oedd D. Myrddin Lloyd a oedd bryd hynny ar staff y Llyfrgell Genedlaethol ac a fu'n fyfyriwr disglair i Lewis yng Ngholeg y Brifysgol Abertawe ddiwedd y dauddegau. Cynnyrch yr 1870au a'r wythdegau cynnar a gaed yn y gyfrol gyntaf fwyaf, yn olrhain ymdrechion yr Emrys ifanc i ddarbwyllo'i ddarllenwyr ynghylch yr angen i warchod y Gymraeg. Cynnyrch aeddfetach y nawdegau a gaed yn yr ail gyfrol sy'n cynnwys yr enghreifftiau gorau o'i feirniadaeth lenyddol yn ogystal â'i ymdriniaeth â'i arwr, y pamffledwr Paul-Louis Courier, tra bod y drydedd gyfrol yn cynnwys deunydd llawysgrifol gan mwyaf a oedd yn ategu'r hyn a gaed eisoes yn yr *Homilïau*. Dyma sicrhau felly fod darllenwyr yr ugeinfed ganrif wedi medru profi drostynt eu hunain ansawdd gwaith Emrys ynghyd â'i athrylith. 'Nid bob amser y sylweddolir bod Emrys ap Iwan yn ysgrifennwr mor doreithiog', meddai Lloyd yn ei ragymadrodd i'r gyfrol gyntaf. 'Fe fyddai ei holl weithiau yn ddigon i lenwi ugain o gyfrolau o faintioli hon, o leiaf'.[15] Bid a fo am hynny, dyma destun dibynadwy wedi'i sefydlu, a rhwng deunyddiau'r *Homilïau*, y *Pregethau* a bellach dair cyfrol yr *Erthyglau*, roedd modd gwerthfawrogi yn gyflawn natur ac ehangder ei lafur llenyddol.

Gan Saunders Lewis unwaith eto, yn ei adolygiad o'r ail gyfrol yn *Y Faner*, y cafwyd peth o'r tafoli mwyaf deallus hyd hynny ar gyfraniad Emrys. Gwelodd fai arno am beidio â mynd ati i greu mudiad ymarferol er mwyn gwireddu ei ddaliadau, 'canys y gwir yw mai peth dilettante ac ofer yw ceisio atgyfodi cenedl ... oddi eithr ... drwy glymu dynion ynghyd ... a'u llunio'n gymdeithas neu blaid,'[16] a bu'n feirniadol o'i ymlyniad slafaidd wrth syniadaeth Paul-Louis Courier. Awdur arwynebol oedd y Ffrancwr yn nhyb Lewis ac yn annheilwng o'r edmygedd a gafodd gan y Cymro:

> Mewn gair, artist tra chywrain a llenor eilradd oedd Courtier. Ffug oedd ei egwyddorion. Ni chyfrannodd ddim o bwys i feddwl Ffrainc ... Tyfodd Emrys yn fwy dyn, yn rhagorach llenor, ac yn anrhaethol bwysicach llenor na Paul-Louis Courtier. Ond bu dylanwad Courtier arno drwy ei oes.[17]

Serch hynny, cafodd ddeubeth ganddo a ddeuai'n dyngedfennol o ran y Gymraeg, sef patrwm ar gyfer arddull pur, cain ac urddasol, a sythwelediad ynghylch 'oes aur' yn hanes ein rhyddiaith fodern. Yn ei ymgyrch i godi safonau Ffrangeg ei ddydd, dychwelodd Courtier at brôs Pascal, La Bruyère a La Fontaine sef cewri'r ail ganrif ar bymtheg, tra daeth Emrys i sylweddoli mai oes aur rhyddiaith Gymraeg oedd cyfnod awduron fel Edward James, cyfieithydd *Llyfr yr Homilïau*, Morgan Llwyd a Charles Edwards hyd at Ellis Wynne a Theophilus Evans.

> Felly trawodd Emrys ar ei weledigaeth, ei ddarganfyddiad – un o ddarganfyddiadau pwysicaf yn hanes beirniadaeth yng Nghymru. Gwelodd fod y cyfnod rhwng y Diwygiad Protestannaidd a'r Diwygiad Methodistaidd yn cyfateb yn deg yn natblygiad rhyddiaith Gymraeg i'r ail ganrif ar bymtheg yn llenyddiaeth Ffrainc. Dyna'r cyfnod y sefydlwyd traddodiad arddull a thraddodiad ffurf yn ein rhyddiaith.[18]

O ran manylion ei grefft, prin y gellid ystyried Emrys yn feirniad llenyddol gwybodus na diogel ond roedd ei ddarganfyddiad yn gwbl wir: 'fe saif ei ddamcaniaeth' meddai.[19] Os oedd John Morris-Jones wedi gosod y sylfaen ar gyfer dehongli'r hen farddoniaeth yn ei gampwaith *Cerdd Dafod*, cyflawnodd Emrys yr un gamp o ran rhyddiaith yn ei ysgrif allweddol 'Y Clasuron Cymraeg'.

Yr adwaith a chanol y ganrif

Ymhen hir a hwyr byddai adwaith yn erbyn dylanwad Emrys ap Iwan yn rhwym o ddigwydd. Nododd yr hanesydd Ellis Wynne Williams, llywydd cyntaf Cymdeithas Emrys ap Iwan Abergele, fel y troes edmygedd yn eilunaddoliaeth ymhlith rhai. 'Fe wn innau trwy brofiad', meddai, 'yn ystod y tridegau ... ym Mangor fel y byddai'r cenedlaetholwyr pybyr, hogiau'r *Ddraig Goch*, yn hanner addoli Emrys. A chan nad oeddwn i o'r gorlan honno, euthum ... i ddrwgdybio un a oedd yn ysbrydoli rhai mor benboeth'.[20] Yr enghraifft fwyaf chwyrn o'r adwaith oedd ysgrif fustlaidd gan Iorwerth C. Peate a gyhoeddwyd gyntaf yn 1942:

> Fel aml ddysgawdr arall, bu Emrys yn dra anffodus yn ei ddilynwyr, yn y gwŷr ieuainc a chanol oed hynny nas adnabuasent ond a'u gosododd eu hunain yn ddisgyblion iddo. Nid disgyblion yw llawer ohonynt ond addolwyr. Troes 'Emrys-ap-Iwaniaeth' yn *cult*: fe ganoneiddiwyd y gŵr o Abergele: ychwanegwyd Sant Emrys at restr seintiau Cymru.[21]

Roedd casineb Peate at Saunders Lewis yn hysbys, ac ef oedd cefnogwr mwyaf pybyr W. J. Gruffydd yn yr etholiad am sedd y Brifysgol yn San Steffan a gynhaliwyd yn Ionawr 1943. Yn ôl A.

O. H. Jarman, un o olynwyr Gruffydd yng nghadair y Gymraeg yng Ngholeg Caerdydd:

> Yr oedd y rhwyg yn y Gymru Gymraeg yn llwyr ... Bu'r etholiad yn chwerw iawn. Gadawodd ei hôl ar deimladau yng Nghymru am flynyddoedd lawer. Mi ddwedwn fy hun mai dyma'r weithred wleidyddol salaf mewn perthynas â Chymru a wnaed yn y ganrif hon.[22]

A dyna gefndir yr ysgrif hon. O ran ei safbwynt diwinyddol, rhyddfrydwr eithafol oedd Peate a ymwrthododd ag uniongrededd yn gyfan gwbl. Ac yntau'n Annibynnwr blaenllaw, arswydodd fod syniadaeth Karl Barth, y diwinydd o'r Swistir, yn ennyn teyrngarwch cynyddol y pregethwyr iau, a ffieiddiodd ddylanwad J. E. Daniel, athro athrawiaeth Coleg Bala-Bangor, arnynt. Ac roedd Daniel, wrth gwrs, yn gyfaill agos i Saunders Lewis ac yn un o arweinwyr y Blaid Genedlaethol. Yn ôl Peate, nid oedd i'r cysyniad o genedl unrhyw le yn yr arfaeth ddwyfol – yn wir nid oedd mo'r fath beth ag arfaeth beth bynnag – a mater o unigolyddiaeth absoliwt oedd y ffydd Gristnogol iddo. Roedd yn gas ganddo bob sôn am Dduw yn creu cenhedloedd: 'Cenedl wedi ei hordeinio gan Dduw ... cenedl yn drosglwyddydd gwerthoedd ysbrydol, cenedl yn gysegredig', i Peate gwedd ar Natsïaeth oedd hyn, ac 'yr oedd y pydredd i'w weld ... yn namcaniaethau Emrys ap Iwan: heddiw mae'n eglur trwy'r holl fyd'.[23] Yn ôl rhagdybiaethau unigolyddol Peate '*[n]id ordeiniodd Duw na chysegru unrhyw genedl*', ac mae'r llythrennau Eidalaidd yn y gwreiddiol. Felly hefyd y brif lythyren yn y frawddeg sy'n dilyn:

> Dyn – a Dyn yn unig – a ordeiniodd Duw: ganddo ef yn unig y mae cydwybod ac enaid a pherson moesol ... Dyma'r gwirionedd a fygwyd gan Natsïaid a Ffasgyddion yr oesoedd gyda'u baldordd am genhedloedd etholedig.

Dyma'r gwirionedd sydd mewn perygl yng Nghymru heddiw.[24]

Wrth drafod 'Traddodiad Emrys ap Iwan', soniodd Dafydd Glyn Jones am yr ysgrif hon fel un 'sydd gan mwyaf yn annheg a chamddeallgar tuag at Emrys'.[25] Rheitiach fyddai ei galw yn 'an example of unprincipled mud-slinging',[26] sef disgrifiad Jones o druth y Parchg Gwilym Davies 'Y Rhyfel a'r Dewis' ar dudalennau'r *Traethodydd* yn 1942 a fynnodd mai Ffasgydd oedd Saunders Lewis. Roedd y ddwy ysgrif yn rhan o'r un ymgyrch i danseilio dylanwad y Blaid Genedlaethol, ac roeddent yr un mor gyfeiliornus. A dyma Emrys, druan, yn cael ei dynnu i mewn i enbydrwydd y pegynnu cyfoes.

Erbyn canol y ganrif roedd y pegynnu hwnnw wedi lleddfu peth, ond roedd y diddordeb yn Emrys yn parhau. Cafwyd gan y Bobi Jones ifanc astudiaeth ddiddorol o arddull Emrys ar dudalennau'r *Llenor* yn 1950:

> Aristocrat oedd Emrys ap Iwan ymysg ei werin: annibynnwr celfydd yn dysgu trin yr iaith o'r dechrau cyntaf, gan wynebu pob anhawster ar ei ben ei hun – mynach llenyddol...
>
> ... Llenyddiaeth Ffrainc a gafodd fwyaf o effaith arno. Fe ddysgodd yno wyddoniaeth iaith, sut i draethu'n gryno, yn glir ac yn gywir...
>
> ... Disgyblaeth ynghyd â mydr bywiog a wna arddull Emrys ap Iwan.[27]

Yng ngwedd 'R. M. Jones', byddai Bobi yn dychwelyd at Emrys ymhen y degawdau nesaf, ond flwyddyn yn ddiweddarach, er mwyn dathlu canmlwyddiant ei eni – tybiwyd yn hir mai yn 1851 y'i ganed – cafwyd ysgrif gofiannol haelionus gan John Hooson, cyfaill i T. Gwynn Jones ac un roedd ei dad, amaethwr yn Nyffryn Clwyd, yn gyfoeswr ag Emrys.

Dewisodd Emrys ap Iwan ddychwelyd i Ddyffryn Clwyd i fod yn athro i'r rhai bach, i gysuro'r tlawd a'r trallodus, i adeiladu'r saint ac i gyfansoddi ei *Homilïau*. Fel un o frodyr Sant Ffransis yn yr Oesoedd Canol dewisodd fyw yn dlawd ... ac yn ddi-briod, gan rannu â'r anghenog y rhan fwyaf o'r hyn a enillai.²⁸

Anwyldeb yn hytrach na sentimenteiddiwch a nodweddodd yr ysgrif hon. Rhoes grynodeb lawn o fywyd ei wrthrych ynghyd ag asesiad teg o'i gyfraniad diwylliannol a gwleidyddol, ond mynnodd bwysleisio'i lafur bugeiliol ymhlith pobl ei ofal. Dyma ni gyfandir i ffwrdd oddi wrth wyrni annymunol Iorwerth Peate a'i debyg.

Rhan o ddathliad y canmlwyddiant oedd cyfraniad nesaf Saunders Lewis i'r gwerthfawrogiad ohono, sef yr ysgrif ddwyran 'Homilïau Emrys ap Iwan' yn *Y Faner* ym Mai 1951. Sôn y mae fwyaf am ei arddull yn ogystal â chynnwys yr *Homilïau*. 'Cyfraniad eithriadol Emrys ap Iwan i'r traddodiad efengylaidd', meddai, oedd ei buro trwy ddylanwad awduron clasurol y gwareiddiad Ffrengig:

> Ni wn i sut mae cyfleu yn Gymraeg ystyr y gair Ffrangeg *moraliste*. Hwyrach mai'r gair 'homilïwr', wedi'r cwbl, yw'r cyfieithiad gorau, a diau nad heb bwyso'r peth y dewisodd yr enw 'homilïau' i'w bregethau. Beirniadaeth ar ymddygiad dyn a chymdeithas a dadansoddiad beirniadol o naws ac o gymhellion y natur ddynol, y mae hynny'n rhan o swydd y *moraliste* clasurol yn Ffrainc. Y mae hynny hefyd yn rhan fawr o [gyfraniad?] homilïau Emrys ap Iwan i'r gymdeithas eglwysig Gymreig.²⁹

Gwrthweithio profiad a theimlad oedd craidd cenadwri'r homilïau, pwysleisio ufudd-dod, disgyblaethdod (*discipleship*) a'r angen am weithredoedd da er mwyn profi dilysrwydd ffydd: 'Dychanu iachusol, meddyginiaethol a geir gan Emrys yn ateb i'r pregethu moethus a theimladol'.[30] Pwysigrwydd pennaf yr ymdriniaeth hon oedd atgoffa darllenwyr mai gŵr crefyddol oedd Emrys ap Iwan yn bennaf, gweinidog yr efengyl ac addysgwr y ffydd, ac un o oblygiadau ei argyhoeddiadau beiblaidd oedd ei genedlaetholdeb ac nid peth a oedd wedi'i ddidoli oddi wrthynt. Dadleuol, fodd bynnag, yw'r pwynt nesaf:

> Diwinyddiaeth foesol yr Eglwys Gatholig sydd y tu cefn i hyn oll, wrth gwrs. Dysgodd Emrys gan bregethwyr mawr Ffrainc o'r ail ganrif ar bymtheg, a chan Pascal ac Awstin; ymroes i ddwyn y ffrwd efengylaidd Gymreig a darddasai o ddiwygiad y ddeunawfed ganrif i ymaberu â'r llif mawr catholig.[31]

Trafodir ymhellach ymlaen yr union ddylanwadau oedd ar ei syniadaeth ddiwinyddol, a rhaid cofio bob amser mai wrth draed Lewis Edwards yn y Bala y dysgodd gyntaf am Awstin; ni fu raid iddo ddad-ddysgu dim a gafodd gan y diwinydd mawr a gwaraidd hwnnw. Erys pwynt canolog Lewis, fodd bynnag, yn ddilys. Ehangder a chatholigrwydd sy'n sail i gyfundrefn Emrys, sef nodweddion y Gristnogaeth glasurol:

> Ond fe wyddai – a diolch am hynny – fod cyfoeth yr holl ganrifoedd a'r holl ieithoedd catholig yn hawlfraint gan bob Cristion, ac fe ymroddodd yntau i droi'r llif gatholig drwy bulpudau capeli Dyffryn Clwyd a thrwy ryddiaith Gymraeg.[32]

Y saithdegau a'r wythdegau

Bu rhaid aros tan y saithdegau am ymdriniaethau pellach â gwaith Emrys, ond o hynny ymlaen tan ddechrau'r nawdegau cyhoeddwyd ffrwd gyson o ddeunydd amdano. Ef, ynghyd ag

O. M. Edwards, sy'n cael y lle cychwynnol yn y gyfrol bwysig a olygodd Geraint Bowen *Y Traddodiad Rhyddiaith yn yr Ugeinfed Ganrif* (1976), casgliad a seiliwyd ar gyfres o ddarlithoedd a draddodwyd yn 1972. Yn ôl Alun Llywelyn-Williams, nid llenor creadigol mohono ond artist dadansoddol, cywrain, â'i afael ar deithi'r iaith, ei chystrawen a'i geirfa yn ail i neb. Er yn un o dadau cenedlaetholdeb modern – Michael D. Jones oedd y llall – crefyddwr ydoedd yn anad dim arall, a'i genedlaetholdeb yn wedd ar ei Gristnogaeth:

> Mae lle i dybio am lawer o arweinwyr crefyddol y ganrif ddiwethaf nad oedden-nhw ddim mewn gwirionedd yn wŷr crefyddol iawn eu natur, ond am Emrys ap Iwan does dim amheuaeth nad oedd ei grefydd wedi ei seilio ar argyhoeddiad dwfn … Ceir digon o dystiolaeth i'w gymeriad tryloyw fel Cristion.[33]

Roedd mawrfrydigrwydd amlwg a haelioni ysbryd yn ei bregethau,

> ac eto nid y mawrfrydigrwydd hwn sy'n gwneud ansawdd ei grefydd yn anghyffredin, ond yn hytrach y ffordd y mynnai gymhwyso'i ffydd at bob agwedd ar fywyd, nid yn unig at fater achub eneidiau pechaduriaid ond at holl drefn cymdeithas, at gwestiynau gwleidyddol, at broblemau heddwch a rhyfel, ac addysg, at ymarweddiad a phob dim oedd a wnelo â bywyd dyn yn y byd hwn yn ogystal ag yn y byd a ddaw.[34]

Ar ôl dadansoddi'i arddull a'i gystrawen ar sail ei ysgrifau, ei sylwadau ar natur yr iaith lafar fel y'i chaed yn 'Breuddwyd Pabydd' a'i ymdeimlad byw â rhin geiriau trwy ei waith i gyd: 'Gloywder ac eglurder syml y rhesymeg yw nodwedd fawr holl ryddiaith Emrys ap Iwan',[35] mae'n troi yn neilltuol at y pregethau: 'Yr *Homilïau* sy'n rhoi i'w hawdur ei hawl sicraf ar yr enw llenor.

Y rhain yw ei orchest bennaf a'i gyfraniad gwerthfawrocaf a mwyaf arhosol i'n llenyddiaeth'.[36] Mae'r tudalennau hyn, o 27 hyd 36 yng nghasgliad Bowen, yn dreiddgar ac yn orffenedig ac ymhlith y pethau gorau a ysgrifennwyd ar y pwnc, ac o gofio barn Iorwerth Peate chwarter canrif ynghynt, mae'r sylw canlynol yn bwysig:

> Yn sicr, un o rinweddau mawr Emrys fel llenor ac fel dyn, ar wahân i dreiddgarwch ac unplygrwydd ei feddwl ac ehangder ei brofiad, yw ei gariad mawr at ei gyd-ddyn ... Mae'r cariad sy'n sylfaenol yn ei bersonoliaeth ... yn cael ei ddadlennu'n anuniongyrchol mewn llawer darn o'i waith, yn enwedig pan fydd yn trafod natur cariad Duw, ac yn y darnau hyn y mae'n aml ar ei orau.[37]

Yn ôl Alun Llywelyn-Williams, bydd rhin yr *Homilïau* yn parhau:

> Ei waith yn cymhwyso'i argyhoeddiad ysbrydol a'i ymrwymiad i'r efengyl Gristnogol at fywyd bob dydd, at drefn cymdeithas, at drefn yr iachawdwriaeth yn y fuchedd ddaearol hon, sy'n peri bod yr *Homilïau* yn cadw'u perthnasedd a'u blas ... hyd yn oed mewn oes seciwlar fel ein hoes ni.[38]

Ymdriniaeth yr un mor ddisglair, ond yn fwy syniadol ei naws, yw eiddo Dafydd Glyn Jones mewn pennod orchestol ar wleidyddiaeth Saunders Lewis yn y gyfrol *Presenting Saunders Lewis* (1973). Mae'r tudalennau hyn eto, rhwng 52 a 56, sy'n cymharu etifeddiaeth dau ryddieithiwr mawr dechrau'r ganrif, O. M. Edwards ac Emrys, yn hynod o ran treiddgarwch, ond gan i Jones ddadansoddi yn fanwl yr hyn a eilw yn 'Draddodiad Emrys ap Iwan' mewn ysgrif ddiweddarach, rhown sylw i'w ddehongliad maes o law. Yna, yn 1979, wedi bron i ddeugain mlynedd o saib, dychwelodd D. Myrddin Lloyd i'r maes gydag astudiaeth gryno yn y gyfres 'Writers of Wales'. 'In some ways', meddai, Emrys yw 'the greatest formative influence on many patriotic Welshmen (sic) since his day'.[39] Ar ôl disgrifio'r gwahanol themâu yn ei waith ynghyd â chynnig esiamplau pwrpasol er mwyn tanlinellu eu gwerth, mae'n symud ymlaen i sôn am yr *Homilïau*: 'Serious as Emrys was in his historical and political writings, it is into his sermons that he put most of his soul'.[40] Mae'n olrhain dylanwad tybiedig Pascal arno gan honni ddwywaith oddi mewn i ddau dudalen: 'No other religious thinker of modern times influenced him more than Blaise Pascal', ac eto: 'The greatest continental influence on his religious thought was Blaise Pascal',[41] ond efallai'r peth mwyaf gwerthfawr am y gyfrol ddiymhongar hon yw iddi gynnig crynodeb syml, disgrifiadol, o gynnwys ei waith ar gyfer y di-Gymraeg. Yn yr un flwyddyn traddododd Enid Morgan ddarlith ar arddull Emrys yn fwy na'i syniadaeth, a ymddangosodd mewn llyfryn caboledig *Emrys ap Iwan: Garddwr Geiriau* (1980), yr ail yng nghyfres Astudiaethau Theatr Cymru. Daw'r astudiaeth firain honno i ben gyda dyfyniad estynedig o un o'r pregethau, ac yna'r sylw eironig hwn:

> Am chwarter canrif dyma'r Emrys ap Iwan a edmygid gan bobl na falient ddim am ei wleidyddiaeth. Mae'r rhod wedi troi nawr fel y bo gennym genhedlaeth sy'n cymeradwyo ei waith llenyddol, yn blasu miniogrwydd a ffraethineb y dychan, ac yn gwerthfawrogi ei weledigaeth wleidyddol. Ond i'r genhedlaeth hon y mae'r weledigaeth Gristnogol yn yr *Homilïau* yn beth a aeth heibio. Dewis y mae pob cenhedlaeth yn ôl ei mympwy a'i gwendid ei hun.[42]

Degawd cynhyrchiol iawn oedd yr wythdegau wrth ledu gwybodaeth amdano, yn bennaf drwy gyfres o astudiaethau a gyhoeddwyd dan nawdd Cymdeithas Emrys ap Iwan, Abergele, ar sail eu darlithoedd blynyddol. Ymhlith y cyfranwyr oedd Gwynfor Evans (1982), R. Tudur Jones (1983), Bobi Jones (1984), D. Tecwyn Lloyd (1985), Hywel Teifi Edwards (1986) ac eraill. Y ddarlith fwyaf sylweddol oedd eiddo Dafydd Glyn Jones 'Traddodiad Emrys ap Iwan' (1987), a gynigiodd ddarlun hynod gynhwysfawr nid yn unig o feddwl Emrys ond fel roedd ei syniadaeth wedi'i chymathu ym meddylfryd cenedlgarwyr erbyn chwarter olaf yr ugeinfed ganrif a sut y gallai ymddatblygu maes o law. Mae'r ymdriniaeth yn frith o sylwadau treiddgar: 'Yr oedd Emrys fel rheol yn weddol ffyddiog ynglŷn â rhagolygon y Gymraeg; ei wrthwynebwyr ef a hithau oedd wedi penderfynu bod ei dyddiau wedi eu rhifo',[43] ynghyd â'r haeriad os nad ef oedd tad cenedlaetholdeb modern – yn ôl Gwenallt, meddai, roedd R. J. Derfel a Michael D. Jones wedi cael y blaen arno yn hyn – ef oedd y cyntaf i dynnu'r gwahanol elfennau ynghyd a chreu cyfanwaith ohonynt: 'Pa un bynnag ai ef a'i creodd ai peidio, fe'i mynegodd yn well nag y gwnaethai neb o'i flaen'.[44] Nododd chwe phwynt a'u crynhoi fel a ganlyn (ond mae angen darllen y gwreiddiol i ymdeimlo â soffistigeiddrwydd yr ymdriniaeth):

> Dyma ichwi hyd yma chwe elfen: y pwyslais ar ddyfodol yr iaith fel mater canolog gwleidyddiaeth Cymru; yr osgo wrth-iwtilitaraidd, ynghyd â'r apêl at anrhydedd yn hytrach nag at hunan-les; yr osgo wrth-gyfalafol; yr ymwrthod, ar yr un pryd, â gwleidyddiaeth chwith-a-de; yr ymwrthod â rheidiolaeth economaidd a hanesyddol, gyda'r pwyslais yn hytrach ar ryddid, a allai olygu'r rhyddid i droi'r cloc yn ôl pe dymunid; a'r feirniadaeth hallt ar ymerodraeth. Ein tuedd ni, sydd ... yn etifeddion Emrys ap Iwan ... yw cymryd y cyfuniad hwn yn ganiataol ... Ond yr oedd raid i rywun ei ddwyn ynghyd am y tro cyntaf. Digon posib mai Michael D. Jones a'i rhoes ynghyd; ond Emrys ap Iwan a'i mynegodd yn fythgofiadwy.[45]

Ar ben hynny ychwanegodd ddeubeth arall, ei Ewropeaeth a'i ymdeimlad o bellter neu arwahanrwydd: 'Ef, heb fawr amheuaeth, oedd y cyntaf o'r cenedlaetholwyr Cymreig-

Ewropeaidd, y rhai a fynnai gan Gymru edrych tuag at Ewrop, heibio i Loegr',[46] ac yna: 'yr agwedd o bellter oddi wrth ei bobl ei hun, neu o wrthrychedd tuag atynt, yr oedd Emrys yn ei theimlo ac yn wir yn ei meithrin'.[47] Yn sgil hyn mae Jones yn ei osod yn hynod ddeheuig oddi mewn i gyd-destun sy'n ymestyn yn ôl i *De Excidio* Gildas yn y chweched ganrif a *Historia Brittonum* Nennius yn nechrau'r nawfed, ac yn awgrymu sut y gallai ei syniadaeth fod o fudd i'r mudiad cenedlaethol wrth edrych tua'r dyfodol a thuag at Gymru y byddai ganddi – er na wyddai Dafydd Glyn Jones hynny lai na degawd ar ôl canlyniad refferendwm cyntaf datganoli – ei senedd a'i llywodraeth ei hun. Mewn *tour de force* wirioneddol dangosodd yr awdur fel roedd athrylith Emrys yn parhau.

Yr wythdegau hefyd a welodd R. M. (Bobi) Jones yn dychwelyd at Emrys. Mae ganddo ddwy bennod olau yn y gyfrol *Llenyddiaeth Gymraeg 1902–36* (1987), un ohonynt, 'Emrys ap Iwan a'r Iaith Gymraeg', a draddododd yng nghyfres Cymdeithas Emrys ap Iwan dair blynedd ynghynt, a phennod arall o dan y teitl 'Tair Aden Emrys ap Iwan'. Ieithyddiaeth, yn cynnwys arddull a gramadeg, oedd un aden, a gwleidyddiaeth a chrefydd oedd y ddwy arall. Wrth drin iaith ac arddull mae'r awdur ar ei orau efallai:

> Yn ei waith llenyddol ei hun – ar wahân i'r feirniadaeth lenyddol – diau mae yn ei bregethau y ceir ei ryddiaith aeddfetaf. Pan ddown i werthfawrogi arddull ac adeiledd y bregeth Gymraeg, diau y saif pregethau Emrys ap Iwan yn bur uchel ymhlith y rhai a sgrifennwyd yn loyw afaelgar.[48]

O ran cynnwys y pregethau, beirniadaeth Emrys ar grefydd boblogaidd Oes Victoria ynghyd â'i ddehongliad o le'r genedl yn yr arfaeth sydd fwyaf arwyddocaol, yn ogystal â'i argyhoeddiad ynghylch yr hyn a eilw'r awdur yn 'ras cyffredinol'. 'Emrys ap Iwan', meddai, 'oedd un o'r rhai cyntaf i fyfyrio am y berthynas rhwng penarglwyddiaeth Duw a'i ewyllys greadigol a'r lle sydd i'r genedl Gymreig'.[49]

Y ganrif newydd

Erbyn y nawdegau ac i mewn i'r ganrif hon arafodd y llif feirniadol, ond cafwyd hyd yma ddwy astudiaeth a dâl eu hystyried. Traddododd yr ysgolhaig beiblaidd Gwilym H. Jones 'Emrys ap Iwan a'i Bregethau' yn y Tabernacl, Rhuthun, ym mis Mai 2006, fel darlith goffa adeg canmlwyddiant ei farw. Yn y 1960au bu Gwilym H. Jones yn weinidog yn y Tabernacl:

> Roedd yn achlysur hapus i mi oherwydd cysylltiad pum mlynedd a deugain â chapel unigryw y Tabernacl, adeilad y bu a wnelo Emrys ap Iwan lawer â'i gynllunio, a hynny o dan ddylanwad ei deithiau ar y cyfandir.[50]

Ar wahân i ddarlith R. Tudur Jones 'Ffydd Emrys ap Iwan' a draddodwyd yng nghyfres Abergele yn 1983, dyma'r unig ymdriniaeth neilltuol â chrefydd Emrys ers ysgrif Saunders Lewis ar yr *Homilïau* yn 1951. Mae'n ddarlith gymen, gynhwysfawr, sy'n trafod dull Emrys o bregethu yn ogystal â'i fater:

> Un peth y gellir ei ddweud yn bendant am ei bregethau oedd eu bod yn gwbl ysgrythurol ... O'r Ysgrythur y câi ei enghreifftiau i gadarnhau ei bwyntiau ac i gryfhau ei ddadl. Y mae ei bregethau yn frith o ddyfyniadau o'r Beibl ac o gyfeiriadau at wahanol gymeriadau neu ddigwyddiadau ... Defnydd helaeth, meistrolgar o'r Ysgrythur a geir yn frith trwy ei bregethau.[51]

Ar ôl tafoli'r cwbl, mae Gwilym H. Jones yn sylwi yn arbennig ar unigolyddiaeth Emrys neu'r ffaith ei fod yn sefyll ar wahân i brif ffrwd y grefydd Gymraeg ar y pryd: 'Heb amheuaeth unigolyn dawnus oedd, ac fel unigolyn yr oedd ganddo ei ffordd arbennig ei hun o edrych ar bethau a'i ffordd ei hun o fynegi hynny'.[52] Ac yna ymhellach: 'O ran athrawiaeth, y mae'n amlwg mai unigolyn annibynnol oedd Emrys; nid oedd am gael ei glymu wrth unrhyw gyfundrefn athrawiaethol nac unrhyw ganonau enwadol'.[53] I Gwilym H. Jones, fel i amryw o sylwebyddion blaenorol, roedd rhinwedd ac apêl arbennig yn hynny.

Y cyfraniad olaf i hawlio sylw yw golygiad Dafydd Glyn Jones yn 2011 o'r ysgrifau 'Breuddwyd Pabydd wrth ei Ewyllys' (1890–2) fel y bedwaredd yng nghyfres Cyfrolau Cenedl. Amheuthun oedd cael golygiad newydd mewn argraffiad destlus, tra bod rhagymadrodd y golygydd yn nodweddiadol ddisglair. Math o ddarogan yw 'Breuddwyd Pabydd' ynghylch dyfodol Cymru ymhen canrif a mwy, gyda'r ddyfais yn rhoi cyfle i Emrys rannu'i ofidiau am Gymru ei oes ei hun. Mae awdur y Freuddwyd, y Tad Morgan SJ, yn disgrifio darlith a glywodd yn 2012 yn esbonio sut, ar y naill law, y bwriodd y genedl ei thaeogrwydd ymaith a dod yn wlad ymreolus, rydd, ac fel y collodd ei chrefydd Ymneilltuol a throi yn wlad Babyddol ar y llall:

> Y mae hi'n bryd imi bellach enwi achosion neilltuol cwymp Protestaniath yng 'Hymru ... Dyma'r achos penna, yn ddiama: sef diystyriwch Protestanied Cymru o iaith eu tada. Wrth beidio â bod yn ieithgar, yr oeddenw o anghenraid yn peidio â bod yn wlatgar ... canys y Gymraeg oedd yn gneud y rhan hon o Ynys Prydan yn Gymru, a'r Gymraeg oedd yr un ffunud yn gneud ei phobol-hi yn Gymry. Pe na neuthe'r Cymry ymdrech benderfynol i gadw ac i adfywio'r hen iaith, ni fysa *Wales* yn ddim amgen nag enw deuaryddol, megis *Cumberland*, ar randir Seisnig. Fe hawliodd y Gwyddelod y Werddon am ei bod-hi'n ynys; ond fe hawliasom ni Gymru ... yn unig am ein bod yn wahanol ein hiaith iddynw.[54]

Prin bod barn Emrys am natur Protestaniaeth yn gytbwys nac yn gywir fel y gwelwn yn nes ymlaen, ond ei unig amcan yma oedd edliw beiau ei gyfoeswyr. Roedd ei sylwadau ar wendidau Ymneilltuaeth ffyniannus Oes Victoria, fodd bynnag, yn syndod o broffwydol:

> Fe dwyllwyd yr holl secta yn eu hystadega; canys pan oeddenw yn tybied eu bod yn gryfion yr oeddenw mewn gwirionedd wedi mynd yn weinion iawn. Tua thrigain mlynedd cyn eu trangc, yr oeddenw yn gallu ymffrostio eu bod yn lliosocach nag y buonw erioed; ond cyfri manus yr oeddenw ac nid grawn; cangenna crin ac nid rhai ir, heb ystyried mai hyrddwynt cymedrol a dycie i chwalu ymath y rhain i gid.[55]

Beth bynnag am yr argoelion ddiwedd yr ugeinfed ganrif fod cyflwr Cymru yn gwella o ran ei hiechyd gwleidyddol a bod dyfodol yr iaith yn fwy sicr nag ers tro, digalon, braidd, yw tôn y golygydd er bod ei sylwadau yr un mor graff ag erioed. Fodd bynnag, cymwynas fawr ar ei ran oedd rhoi yn nwylo darllenwyr enghraifft mor grafog, fywiog a dychmyglawn o ddawn ddychanol Emrys. Ac yn y gwaith hwn fel yng nghorff ei gynnyrch i gyd, mae argyhoeddiadau crefyddol Emrys yn amlwg iawn.

Nodiadau

1 T. Gwynn Jones, *Emrys ap Iwan: Cofiant* (Caernarfon: Cwmni'r Cyhoeddwyr Cymreig, 1912), t. 238; cafwyd argraffiad newydd, John L. Williams (gol.), *Emrys ap Iwan: Cofiant, gan Thomas Gwynn Jones* (Abertawe: Hughes a'i Fab, 1978), ond seilir yr astudiaeth hon ar yr argraffiad gwreiddiol.
2 Saunders Lewis, 'Emrys ap Iwan', *Ysgrifau Dydd Mercher* (Y Clwb Llyfrau Cymraeg, 1945), tt. 74–83 [74].
3 Saunders Lewis, 'Dylanwadau: Ymgom ag Aneirin Talfan Davies', *Taliesin*, 2 (1961), 5–18 [11].
4 Saunders Lewis, *An Introduction to Contemporary Welsh Literature* (Wrexham: Hughes & Son, 1926), t. 3.
5 Lewis, *An Introduction to Contemporary Welsh Literature*, t. 3.
6 Lewis, *An Introduction to Contemporary Welsh Literature*, t. 4.

7   R. T. Jenkins, 'Emrys ap Iwan', *Yr Apêl at Hanes ac Ysgrifau Eraill* (Wrecsam: Hughes a'i Fab, 1930), tt. 90–7 [92].
8   Jenkins, 'Emrys ap Iwan', t. 93.
9   Jenkins, 'Emrys ap Iwan', t. 95.
10 Jenkins, 'Emrys ap Iwan', t. 97.
11 Lewis, 'Emrys ap Iwan', *Ysgrifau Dydd Mercher*, t. 74.
12 Lewis Valentine, 'Emrys ap Iwan', *Heddiw*, 1 (1936), 10–13, 67–9.
13 J. T. Jones (gol.), *Emrys ap Iwan: Breuddwyd Pabydd wrth ei Ewyllys*, 1 a 2 (Wrecsam: Hughes a'i Fab, d.d. [tua 1932]).
14 John Owen ac O. Madoc Roberts (goln), *Pregethau gan y Diweddar Barch. R. Ambrose Jones (Emrys ap Iwan)* (Bangor a Chaernarfon: Llyfrfa'r Methodistiaid Wesleaidd a Llyfrfa'r Methodistiaid Calfinaidd, d.d.), Rhagymadrodd.
15 D. Myrddin Lloyd (gol.), *Detholiad o Erthyglau Emrys ap Iwan I: Gwlatgar, Cymdeithasol, Hanesiol* (Y Clwb Llyfrau Cymraeg, 1937), t. xvii.
16 Lewis, 'Emrys ap Iwan', *Ysgrifau Dydd Mercher*, tt. 75–6.
17 Lewis, 'Emrys ap Iwan', *Ysgrifau Dydd Mercher*, tt. 77, 78.
18 Lewis, 'Emrys ap Iwan', *Ysgrifau Dydd Mercher*, tt. 80–1.
19 Lewis, 'Emrys ap Iwan', *Ysgrifau Dydd Mercher*, t. 81.
20 Ellis Wynne Williams, 'Emrys ap Iwan', *Cymdeithas Emrys ap Iwan: Y Ddarlith Flynyddol Cyfrol 1 a 2* (Abergele: Cyngor Sir Clwyd, 1983), tt. 1–19 [13].
21 Iorwerth C. Peate, 'Emrys ap Iwan', *Ym Mhob Pen* ... (Aberystwyth: Gwasg Aberystwyth, 1948), tt. 26–31 [26].
22 A. O. H. Jarman, 'Y Blaid a'r Ail Ryfel Byd', yn John Davies (gol.), *Cymru'n Deffro: Hanes y Blaid Genedlaethol 1925–75* (Talybont: Y Lolfa, 1975), tt. 67–92 [87].
23 Peate, 'Emrys ap Iwan', *Ym Mhob Pen*, t. 29.
24 Peate, 'Emrys ap Iwan', *Ym Mhob Pen*, t. 30.
25 Dafydd Glyn Jones 'Traddodiad Emrys ap Iwan', *Cymdeithas Emrys ap Iwan: Tair Darlith Goffa* (Abergele: Cyngor Sir Clwyd, 1991), tt. 1–17 [1–2].
26 Dafydd Glyn Jones, 'His Politics', yn Alun R. Jones a Gwyn Thomas (eds), *Presenting Saunders Lewis* (Cardiff: University of Wales Press, 1973), tt. 23–78 [69].
27 Bobi Jones, 'Arddull Emrys ap Iwan', *Y Llenor*, 29 (1950), 123–31 [124, 126, 130].
28 John Hooson, 'Emrys ap Iwan (1851–1906)', *Y Traethodydd*, CV/XVIII (1951), 156–64 [156].
29 Saunders Lewis, 'Homilïau Emrys ap Iwan', yn R. Geraint Gruffydd (gol.), *Meistri'r Canrifoedd: Ysgrifau ar Hanes Llenyddiaeth Gymraeg* (Caerdydd: Gwasg Prifysgol Cymru, 1982), tt. 377–86 [380].
30 Lewis, 'Homilïau Emrys ap Iwan', t. 383.
31 Lewis, 'Homilïau Emrys ap Iwan', t. 384.
32 Lewis, 'Homilïau Emrys ap Iwan', tt. 384–5.

33 Alun Llywelyn-Williams, 'Emrys ap Iwan', yn Geraint Bowen (gol.), *Y Traddodiad Rhyddiaith yn yr Ugeinfed Ganrif* (Llandysul: Gwasg Gomer, 1976), tt. 11–36 [13]
34 Llywelyn-Williams, 'Emrys ap Iwan', t. 14.
35 Llywelyn-Williams, 'Emrys ap Iwan', t. 31.
36 Llywelyn-Williams, 'Emrys ap Iwan', t. 27.
37 Llywelyn-Williams, 'Emrys ap Iwan', t. 34.
38 Llywelyn-Williams, 'Emrys ap Iwan', t. 33.
39 D. Myrddin Lloyd, *Emrys ap Iwan*: cyfres 'Writers of Wales' (Cardiff: University of Wales Press, 1979), t. 1.
40 Lloyd, *Emrys ap Iwan*, t. 49.
41 Lloyd, *Emrys ap Iwan*, tt. 47, 49.
42 Enid Morgan, *Emrys ap Iwan: Garddwr Geiriau* (Bangor: Cymdeithas Theatr Cymru, 1980), t. 25.
43 Jones, 'Traddodiad Emrys ap Iwan', t. 3; ailgyhoeddwyd yn Dafydd Glyn Jones, *Agoriad yr Oes: erthyglau ar lên, hanes a gwleidyddiaeth Cymru* (Talybont: Y Lolfa, 2001), tt. 45–66 [49].
44 Jones, 'Traddodiad Emrys ap Iwan', t. 2; Jones, *Agoriad yr Oes*, t. 47.
45 Jones, 'Traddodiad Emrys ap Iwan', t. 7; Jones, *Agoriad yr Oes*, t. 53.
46 Jones, 'Traddodiad Emrys ap Iwan', t. 7; Jones, *Agoriad yr Oes*, t. 53.
47 Jones, 'Traddodiad Emrys ap Iwan', t. 8; Jones, *Agoriad yr Oes*, t. 55.
48 R. M. Jones, *Llenyddiaeth Gymraeg 1902–36* (Cyhoeddiadau Barddas, 1987), t. 71.
49 Jones, *Llenyddiaeth Gymraeg 1902–36*, t. 72.
50 Gwilym H. Jones, 'Emrys ap Iwan a'i Bregethau', *Diwinyddiaeth*, 58 (2007), 31–47 [31].
51 Jones, 'Emrys ap Iwan a'i Bregethau', 32, 33, 34.
52 Jones, 'Emrys ap Iwan a'i Bregethau', 37.
53 Jones, 'Emrys ap Iwan a'i Bregethau', 41.
54 Dafydd Glyn Jones (gol.), *Emrys ap Iwan: Breuddwyd Pabydd wrth ei Ewyllys* (Bangor: Dalen Newydd, 2011), t. 56.
55 Jones (gol.), *Emrys ap Iwan*, t. 62.

Pennod 2

Y Beibl a'r cyd-destun diwinyddol

Emrys ap Iwan a'r Beibl

O ran y deunydd sydd gennym mewn print, sef dwy gyfrol yr *Homilïau* (1906 ac 1909), y gyfrol ddi-ddyddiad *Pregethau* a'r casgliad cyfansawdd *Erthyglau a Llythyrau Emrys ap Iwan III: Crefyddol* (1940), ceir 64 pregeth ganddo, 18 yn seiliedig ar destunau o'r Hen Destament a'r gweddill o'r Testament Newydd. Yn yr Hen Destament, ceir tair o Lyfr Genesis, tair o'r llyfrau hanesyddol (un o Lyfr Joshua, un o I Samuel ac un o II Brenhinoedd), pedair o'r Salmau, tair o Lyfr y Diarhebion a'r gweddill o'r proffwydi (un o Eseia, dwy o Jeremeia a dwy o Hosea). Ar wahân i'r tair pregeth o Genesis, does dim byd o weddill y Pumllyfr – Ecsodus, Lefiticus, Numeri a Deuteronomiwm. Ar wahân i'r un enghraifft o'r Diarhebion, does dim arall o'r Llên Doethineb, testunau sy'n cynnwys Llyfr y Pregethwr a Llyfr Job, a dim o lyfrau cyfnod y Gaethglud: Daniel, Esra a Nehemeia. Annisgwyl yw bod cyn lleied o destunau o Lên y Proffwydi. Gwelir, felly, mai cyfyng o ran rhychwant yw ymdriniaeth Emrys â'r Hen Destament er y gallai hyn fod yn adlewyrchu dewis ei olygyddion yn hytrach nag unrhyw dystiolaeth o'i law ei hun.

O droi at y Testament Newydd, ceir 14 pregeth o'r efengylau synoptig, Mathew, Marc a Luc, 12 o Efengyl Ioan, saith o lythyrau Paul, chwech o'r Epistolau Bugeiliol (I a II Timotheus a Titus), pump o'r Epistol at yr Hebreaid ac un o I Ioan. Efallai bod hyn eto yn adlewyrchu dewis ei olygyddion, ond yn y gweithiau print, o ran Paul does dim yma o'r Galatiaid na'r Colosiaid, dim o Epistol Iago, dim o epistolau Pedr na dim ychwaith o Lyfr y Datguddiad. Gwelwn p'un ai bod arwyddocâd yn hyn wrth i ni fwrw ymlaen.

Yng Ngholeg y Bala o dan John Parry a Lewis Edwards y cafodd Emrys ei addysg ddiwinyddol, a hynny rhwng 1868, pan oedd yn ugain oed, ac 1872. Yn ogystal â dysgu Lladin a'r Clasuron, a chael gwersi mewn ieithoedd modern gan athro ym Mhen-sarn, Abergele yn ystod y gwyliau, y pwnc y gwnaeth orau ynddo yn y Bala oedd Athrawiaeth Gristnogol. Byddai hyn yn cynnwys mesur o feirniadaeth ysgrythurol yn ôl canonau'r ddisgyblaeth ar y pryd. Ceidwadol, er nid gorgeidwadol ychwaith, oedd barn ei athrawon ar yr Ysgrythur. Iddyn nhw, roedd y Beibl wedi'i ysbrydoli gan Dduw a thrwy hynny yn anffaeledig. Yn 1845, pan gyhoeddodd Lewis Edwards ei ysgrif 'Ysbrydoliaeth yr Ysgrythur' yn rhifyn cyntaf *Y Traethodydd*, roedd yn pledio'r farn fod y geiriau eu hunain yn ysbrydoledig ac felly yn ddi-wall, ond erbyn i Emrys gyrraedd y Bala roedd ei farn wedi cymedroli. 'Cyfeddyf yr awdur ni wnâi roi gymaint o bwys bellach ar ysbrydoliaeth *y geiriau*',[1] meddai. Sylwedd yr Ysgrythur oedd yn awdurdodol yn hytrach na'i manylion. Gyda bod y degawdau yn mynd heibio, daeth mwy a mwy o ddysgawdwyr i goleddu'r feirniadaeth feiblaidd tra ar yr un pryd yn cadw eu gafael yn y cysyniad o ysbrydoliaeth, ac erbyn 1890 roedd y consenws yng Nghymru wedi newid.[2] Gwelir hyn ar waith yn glir ym mhregethau Emrys ap Iwan.

Yr Hen Destament yn fwy na'r Testament Newydd oedd maes y drafodaeth academaidd, yn enwedig yn y chwarter canrif o tua 1850 ymlaen. Os oedd y farn draddodiadol yn priodoli'r Pumllyfr i awduraeth Moses ac yn maentumio bod y llyfrau hanes yn

Y Beibl a'r cyd-destun diwinyddol

gofnod empeiraidd dibynadwy o'r hyn a fu, daethpwyd i gredu erbyn yr wythdegau bod elfennau chwedlonol yn Llyfr Genesis, bod mwy nag un awdur y tu ôl i Lyfr Eseia a bod gwareiddiadau'r hen fyd wedi gadael eu hôl ar dwf crefydd Israel. Digwyddodd hyn ochr yn ochr â'r datblygiadau diweddaraf ym maes daeareg a bioleg, ac roedd hi'n annichonadwy na fyddai hyn yn effeithio ar sut roedd pobl yn darllen y Beibl. Mewn pregeth ar y gwin newydd mewn hen gostrelau yn Luc 5:39, meddai Emrys:

> Gwyddoch fod darganfyddiadau gwyddonol ac ymchwiliadau beirniadol yn gwneuthur chwyldroad mewn diwinyddiaeth ac esboniadaeth ysgrythurol, ac y mae llawer yn ofni y pair hynny ymadawiad llwyr oddi wrth y ffydd. (*HII* 9, t. 142)

Ond nid oes rhaid i hynny ddigwydd, meddai, am fod datblygiad hanesyddol yn anorfod ac am nad yw Cristnogaeth ynghlwm wrth un dehongliad neilltuol ohoni: 'Y mae systemau diwinyddol yn newid o oes i oes yn ôl yr athroniaeth a'r wyddoniaeth a fyddo mewn bri', meddai mewn man arall, 'ond Gair yr Arglwydd sydd yn parhau yn dragywydd'. (*HII* 12, t. 185)

Mewn ysgrif yn *Y Geninen* yn 1898 y trafododd Emrys ei gysyniad o ysbrydoliaeth yn fwyaf llawn, ond mae tystiolaeth am ei farn i'w gweld mewn amryw o'i bregethau. 'Cyfraith Moses a'r Proffwydi a'r Salmau' yw teitl yr ysgrif, sy'n crynhoi barn y beirniad Albanaidd W. Robertson Smith yn ei gyfrol ddadleuol ar y pryd, *The Old Testament and the Jewish Church* (1881). Athro yng ngholeg Eglwys Rydd yr Alban yn Aberdeen oedd Smith, a ddiswyddwyd gan ei Eglwys am goleddu syniadau rhyddfrydig am y Beibl. Fe'u cyhoeddwyd gyntaf yn ei ysgrif ar y Beibl yn argraffiad 1875 o'r *Encyclopaedia Britannica*, a chymaint oedd yr adwaith nes iddo gael ei uchelgyhuddo gan ei Eglwys o heresi. Erbyn cyhoeddi ei gyfrol ar yr Hen Destament, roedd yn ddarlithydd mewn Arabeg ym Mhrifysgol Caer-grawnt, ac er gwaethaf y cythrwfl yn yr Eglwys Rydd, buan y daethpwyd i gredu nad oedd ei farn yn andwyol i'r cysyniad o ysbrydoliaeth ddwyfol nac i hygrededd y ffydd Gristnogol ychwaith.³ Yn ôl Smith, roedd darlleniad diragfarn o'r Hen Destament yn dangos cymhlethdod y testun, a'i fod yn cynnwys haenau gwahanol o ddeunydd nad oedd modd eu cysoni ond trwy ddulliau beirniadol. Roedd y ddau adroddiad am y creu yn Genesis 1 a 2, eu tebygrwydd i chwedlau Babilonaidd cyntefig, yr anghysondeb rhwng cymhwysiad o'r deddfau Iddewig mewn gwahanol rannau o'r Pumllyfr a'r amrywiaeth o bwysleisiadau, ymddangosiadol groes i'w gilydd, yn Llyfr y Salmau yn tystio i waith golygyddol cywrain iawn. Yn nyddiau'r Gaethglud ym Mabilon, saith ganrif cyn Crist, y digwyddodd hyn, a thrwy briodoli awduraeth y Pumllyfr i Moses ac awduraeth y Salmau i'r Brenin Dafydd, hwythau yn perthyn i ganrifoedd lawer ynghynt, y tanlinellwyd awdurdod y llyfrau hyn a sicrhau eu lle oddi mewn i'r canon. Cristion nodedig am ei dduwioldeb oedd Smith, yn fawr ei sêl dros yr efengyl ac yn credu yn ddiysgog yn y gwyrthiol. Ond nid oedd hyn yn tarfu dim ar ei ddamcaniaethau beirniadol.⁴ Ymgais oedd ei gyfrol i ddarbwyllo'i gyd-Gristnogion fod beirniadaeth feiblaidd gyfrifol yn cydweddu ag ysbrydoliaeth, ac o'i harfer yn garcus y deuai'r Beibl yn llyfr mwy byw a real i'w ddarllenwyr.

Erbyn i Emrys ysgrifennu, arddelwyd hyn yn fwyfwy cyffredinol, ond ymarhous oedd rhai Cristnogion Cymru i dderbyn y peth o hyd:

> Pe buasai Cristnogion mwy eu sêl na'u gwybodaeth wedi deall ac addef bod y goruwchnaturiol wedi dyfod hyd atom ar hyd ffyrdd naturiol, fod y gair sydd o Dduw wedi ei roddi *trwy* ddynion, fod y trysor hwn gennym mewn llestri pridd, a bod y llestri'n rhoi peth o'u lliw a'u llun a'u blas ar y trysor, pe gwybuasent nad yw ysbrydoliaeth y Beibl ddim yn gyfystyr ag anffaeledigrwydd y llythyren ... ni buasai cymaint o agendor rhwng crefyddwyr anwybodus ac anghredinwyr gwybodus ag sydd yr awr hon. (*Erthyglau III*, t. 3)

Ofnodd Emrys fod lledaeniad addysg yn yr ysgolion dyddiol ynghyd â'r awydd eang i ymgydnabod â'r damcaniaethau gwyddonol a chymdeithasol diweddaraf mewn perygl o ddieithrio ieuenctid deallus yr eglwysi oddi wrth y ffydd. 'Os ceisiwn barchu gair Duw trwy *am*harchu rheswm a chydwybod dynion', meddai, 'yna ni a gollwn ein haelodau a'n gwrandawyr mwyaf goleuedig fel y collwyd hwy mewn llawer gwlad arall'. Nid oedd gan yr eglwys record ddilychwyn yn y maes, a'r perygl oedd y gallai capelwyr Cymru gloffi fel canghennau eraill o'r eglwys yn y gorffennol:

> Fe fuasai Cristnogaeth yn llawer uwch ei phen yn y byd nag ydyw hi heddiw pe derbyniasai Cristnogion bob gwirionedd newydd â chalon hawddgar a da, yn lle'i derbyn megis o'u hanfodd ar ôl hir ymladd yn ei herbyn. (Ibid., t. 4)

O ran manylion yr Hen Destament, nid tan ar ôl cyfnod Crist y penderfynodd yr Iddewon yn derfynol ar y canon, sef llyfrau awdurdodedig y Beibl Hebraeg, ac esboniodd fod eu dosbarthiad nhw o'r llyfrau yn wahanol i'r hyn a gaed yn y Beibl Cristnogol. I'r Iddewon, nid y Pumllyfr ar ei hyd oedd 'Cyfraith Moses' ond rhan yn unig o Lyfr Ecsodus, tra bod sêl amlwg proffwydi'r wythfed- a'r seithfed ganrif cyn Crist o blaid cyfiawnder cymdeithasol yn adlewyrchu gwerthoedd y cyfnod a briodolir i Moses pan roddwyd y Deg Gorchymyn ar Fynydd Seinai. Roedd y cyfeiriadau mynych at aberthau ac addoli defodol, er yn darlunio adeg yr Ecsodus o'r Aifft, wedi'u llunio mewn gwirionedd yng nghyfnod Esra yr offeiriad ac yn cynrychioli datblygiad mwy diweddar yng nghrefydd Israel. I Emrys, gan adleisio barn Robertson Smith, roedd y cyfnod diweddar a'i hoffeiriadaeth ddefodol yn arwyddo dirywiad oddi wrth bwyslais moesegol y cyfnod cynt, ac 'ar y gyfraith Israelaidd ac ysbrydol ... a roddwyd trwy Foesen [sef Moses] a'r proffwydi', meddai, 'ac nid ar y gyfraith Iddewaidd a wnaed gan Esra yr offeiriad y darfu i'r Iesu sylfaenu ei efengyl' (ibid.).

Cafwyd datblygiad tebyg yn Llyfr y Salmau, gyda'r cyfeiriadau at grefydd fewnol ac uniondeb moesol yn adlewyrchu purdeb y cyfnod cynnar, a'r cyfeiriadau defodol yn deillio o gyfnod y Gaethglud yn hytrach na chyfnod Dafydd Frenin fel roedd y darllenwyr traddodiadol yn credu. Mympwyol, braidd, oedd y dehongliad hwn, ac yn adlewyrchu idealaeth athronyddol Oes Victoria lawer mwy nag yr oedd Smith wedi sylweddoli, tra bod Emrys wedi gorsymleiddio damcaniaethau'i feistr wrth eu cymeradwyo i ddarllenwyr *Y Geninen*. Ond mae'n bwysig cofio mai cymedrol oedd barn y naill sylwebydd a'r llall, ac ymhell oddi wrth sgeptigaeth eithafol rhai o'r beirniaid Almaenig blaengar. Yr hyn a wnâi, medd Emrys, oedd dilyn y llwybr a agorwyd gyntaf gan Luther a Calvin gyda'u hathrawiaeth agored yn hytrach na chaethiwus am ysbrydoliaeth y Gair:

> Fe daera rhyw ddosbarth yn y wlad hon mai gwell yw'r hen syniadau am y Beibl na syniadau beirniaid diweddar, heb wybod nad yw'r syniadau y maent hwy yn eu cyfrif yn newydd namyn hen syniadau Calvin a Luther a Diwygwyr Protestannaidd eraill ...
>
> ... Calvin, yn anad neb arall, yw tad ac athro pob beirniad hanesyddol ... a phe bai'r Methodistiaid Calfinaidd yn dilyn Calvin yn hytrach yn ei syniad rhydd am y Sgrythurau nag yn ei syniad caeth am etholedigaeth, byddent yn fwy o Galviniaid ... o lawer nag ydynt. (Ibid., tt. 6, 20)

Ym mater y datblygiad hanesyddol prin bod hyn yn gwbl wir, ond yn ôl Emrys nid oedd ond yn dilyn esiampl y tadau. Mewn pregeth ar I Timotheus 1:15, 'Gwir yw y gair ac yn haeddu pob derbyniad' dyddiedig 26 Rhagfyr 1902, ailadroddir yr un pwynt:

> Yr oedd Luther a Chalvin a Zwingli yn rhy gall i daeru nad oedd dim o ôl dynion ar ddatguddiad a roddwyd trwy ddynion, neu fod yr Ysbryd Glân wrth gynhyrfu'r

Y Beibl a'r cyd-destun diwinyddol

ysgrifenwyr sanctaidd yn eu gwneud yn anffaeledig. (*HII* 18, t. 295)

Yr unig beth anffaeledig oedd yr efengyl. Er yn dyst dibynadwy ac yn awdurdod terfynol oddi mewn i'r eglwys, dogfen ddynol oedd y Beibl a gyfranogai o holl nodweddion y dyndod hwnnw. O'r tair pregeth o eiddo Emrys ar Lyfr Genesis, mae un yn seiliedig ar bennod Cain ac Abel, Genesis 4, ac yn trin y cyfnod rhwng y Cwymp a'r Diluw, a'r ddwy arall yn trafod agweddau ar fywyd y patriarch Abraham. Chwedlonol yn hytrach na ffeithiol gywir yw cyd-destun yr un gyntaf, ond nid yw fel petai'r pregethwr yn mynd ati i ddadfythu dim. Mae'n trafod y stori fel petai'n wrthrychol wir, gan fynnu bod gan y cyn-ddiluwiaid lawer i ddysgu i'r Cymry cyfoes. Yn ôl cyfoeswyr Emrys, ysgolheigion beiblaidd radical y cyfandir fel Julius Wellhausen o Göttingen a'r Iseldirwr Abraham Kuenen, ffigur chwedlonol oedd Abraham, yn ffrwyth dychymyg crefyddol y meddwl Hebreig. I'r Cymro, fodd bynnag, mae'n amlwg fod y patriarch yn berson o gig a gwaed ac nid oes arlliw o sgeptigaeth hanesyddol ar y traethiad o gwbl. Trwy gyfeirio at awdur hanes Abraham yn Genesis 15 fel 'yr ysgrifennwr ysbrydoledig' (*HII* 2, t. 24) ac amdano eto, yn Genesis 17, fel 'yr hanesydd ysbrydoledig' (*HI* 2, t. 22), cyfeddyf fod yr ysbrydoliaeth ddwyfol ar waith trwy gydol y naratif hwn.

O blith ei bregethau eraill o'r Hen Destament, un o Lyfr Joshua, un o I Samuel, un o II Brenhinoedd a phedair o Lyfr y Salmau, nid yw'n crybwyll y cysyniad o ysbrydoliaeth o gwbl, ond wrth draethu ar Diarhebion 21:17 dywed hyn:

> I ni y Cymry sy'n well gennym deimlo yn hyfryd na byw yn ddifrycheulyd, nid oes un feddyginiaeth well na darllen llawer ar Lyfr y Diarhebion, Epistol Iago a phregethau syml a thawel Iesu Grist. (*HI* 19, t. 277)

Petai yna Gymry ymhlith cydweithwyr Esra adeg y Gaethglud, meddai, pan benderfynwyd pa lyfrau i'w cynnwys yn y Beibl

Hebraeg a pha rai i'w hepgor, diau y byddent wedi gwrthod hwn am ei fod mor ddeddfol ac anefengylaidd. Ond mae'n amlwg bod a wnelo Duw â'r proses neu ni fyddai wedi cyrraedd y canon o gwbl:

> Dyweder nad oes dim efengyl yn y Diarhebion, gallent er hynny fod yn fuddiol iawn i ni, canys y mae'r Ysbryd Glân nid yn unig wedi cynhyrfu dynion i hysbysu inni ffordd iachawdwriaeth, ond hefyd wedi cynhyrfu dynion i'n dysgu pa fodd i fucheddu mewn gwahanol amgylchiadau. (Ibid., t. 278)

Fel llyfrau eraill yr Hen Destament, dogfen ganonaidd yw'r Diarhebion, wedi'i hysbrydoli gan Dduw ac felly yn awdurdodol. Mae'r un peth yn wir am y Llên Broffwydol. Er yn cyfeirio at 'awdur anhysbys y rhan olaf o Lyfr Esay' (*HI* 5, t. 77) gan dderbyn damcaniaeth y Deutero-Eseia, sef bod mwy nag un awdur i'r llyfr a oedd yn dwyn enw'r proffwyd, wrth godi testunau o Eseia, Jeremeia a Hosea, mae'n cydnabod eu natur fel gweithiau ysbrydoledig. Beth bynnag am ddefnydd Emrys o ddulliau'r beirniaid ysgrythurol diweddar, gall grynhoi ei farn am awdurdod terfynol y Beibl trwy ddweud: 'Mae'r Gair yn ddifeth fel yr Hwn a'i rhoes' (*Erthyglau III*, t. 74). 'Er bod Emrys yn awyddus i ddangos ei fod yn cofleidio'r ffasiwn ysgolheigaidd diweddaraf ar y pynciau hyn', medd R. Tudur Jones,

> nid yw'n cario ei argyhoeddiadau beirniadol fawr pellach na'r maes llenyddol – pynciau fel awduraeth llyfrau, eu dyddiadau a'u cysylltiad hanesyddol â hanes Israel. Ond os creffir ar ei ddull o drin y Beibl, fe welir nad yw'n cymryd at safbwynt radical o gwbl ... Y mae'n un o'r pregethwyr hynny na fyn gyhoeddi fod y Beibl yn gwbl ddi-wall ond sydd eto'n ei drin fel petai'n ddi-wall.[5]

Y Beibl a'r cyd-destun diwinyddol

Prin bod y gair 'di-wall' (*inerrent*) yn addas yn y cyswllt hwn – dywed Emrys dro ar ôl tro fod y Beibl yn amddifad o nodweddion anffaeledigaeth – eto, fel eraill a fyddai'n arddel yr hyn a alwyd 'Y Feirniadaeth Efengylaidd' ddiwedd y bedwaredd ganrif ar bymtheg,[6] gallai ymddiried yn yr Ysgrythur fel Gair ysbrydoledig ac awdurdodol Duw: 'Y mae systemau diwinyddol yn myned heibio y naill ar ôl y llall am mai o ddynion y maent, ond Gair yr Arglwydd a saif yn dragywydd am ei fod yn air y gwirionedd'. (*HII* 9, t. 142)

Wrth symud at y Testament Newydd, nid oedd y dadleuon beirniadol agos mor ffyrnig ar y pryd, ac er bod Emrys yn derbyn rhai o gasgliadau'r beirniaid ynghylch awduraeth yr epistolau – cyfeiria at 'yr ail epistol yr ydys yn ei briodoli i Pedr' (*HI* 3, t. 42) er enghraifft – cymedrol iawn yw ei safbwynt. O ran yr efengylau, mae'n eu derbyn fel dogfennau hanesyddol dibynadwy, a does dim argoel iddo ymwrthod â'r gwyrthiol a'r goruwchnaturiol. Chwe phregeth sydd ganddo yn seiliedig ar destunau o Efengyl Mathew, tair o Farc a phump o Luc. Nid yw'n crybwyll yr hyn a alwyd yn 'broblem synoptig', sef natur perthynas lenyddol y tair efengyl â'i gilydd a'u dibyniaeth ar ryw ffynhonnell gynharach dybiedig, yr hon y daeth yr ysgolheigion maes o law i'w galw yn 'Q',[7] ac ni wyddai ddim, wrth reswm, am ddulliau beirniadol fel beirniadaeth ffurf a beirniadaeth redagtig a ddaeth i fri yn y cenedlaethau ar ei ôl.[8] Mae'n amlwg ei fod yn gyfarwydd â gwaith yr esbonwyr cydnabyddedig cyfoes. Soniai yn fynych am 'farn yr esbonwyr gorau' (*P* 17, t. 188), a 'thyb rhai esbonwyr' (ibid.), a gall fod yn sarhaus am 'fân esboniadau' disylwedd ac arwynebol (*HII* 8, t. 118). Yn ei bregeth ar 1 Ioan 3:2, 'Anwylyd, yr awron meibion i Dduw ydym ac nid amlygwyd eto beth a fyddwn', sonia am ei hir ymgais i ddod o hyd i esboniad teilwng ar y testun:

> Dyna'r ddwy ffordd y gellir darllen yr ymadrodd. Pa un yw'r ffordd orau? Yr wyf fi'n credu er ys talm mai yr olaf, er yn rhaid i mi addef mai yn ddiweddar y cefais i hyd i

esboniwr o radd sy'n fy nghalonogi i draethu fy nghred. (*HII* 22, t. 356)

Wrth drafod gwreiddiau'r ewcharist, cyfeiria at waith Johann Peter Lange (1802–84), athro diwinyddiaeth ym Mhrifysgol Bonn ac awdur y tair cyfrol *Das Leben Jesu* ('Bywyd Iesu') (1844–7) ond a fu'n fwyaf hysbys am ei esboniadau beiblaidd, y *Bibelwerk* (1857–67) y cafwyd cyfieithiad Saesneg ohonynt gan yr ysgolhaig Swiss-Americanaidd Philip Schaff rhwng 1867 ac 1872. 'Y mae'n well gen i yr hen esboniad', meddai, 'a atgyfodwyd gan Lange, yr hwn sy'n dadlau yn ei waith ar Fywyd yr Iesu fod y gorchymyn newydd yn cyfeirio at ordinhad Swper yr Arglwydd' (*HII* 15, t. 240). O ran y dwsin o bregethau sy ganddo â'u testunau yn Efengyl Ioan, nid yw'n manylu ar gwestiwn awduraeth, p'un ai'r Disgybl Annwyl ynteu ryw Ioan arall a'i lluniodd, ond gŵyr yn iawn am y gwahaniaeth arddull sydd rhwng y Bedwaredd Efengyl a'r tair efengyl gyntaf. Mae arddull Ioan yn fwy llac na'r efengylwyr eraill, meddai, ac ôl creadigrwydd ar y deunydd yn amlycach: 'Yr oedd gan Ioan fwy o allu i gofio meddyliau pobl eraill nag i gofio'u geiriau' (*HI* 10, t. 150) meddai, a'i gwnaeth yn anodd penderfynu ai union eiriau Iesu a gofnodwyd ganddo ynteu ei aralleiriad neu ei ddehongliad ei hun. Ond eto, cynnyrch yr ysbrydoliaeth ddwyfol oedd y bedair efengyl fel ei gilydd: 'Un efengyl sydd, sef efengyl Iesu Grist, er hynny y mae'r efengyl honno yn ôl Mathew, yn ôl Marc, yn ôl Luc ac yn ôl Ioan' (ibid.).

O droi at yr epistolau, mae'r un egwyddor ar waith. 'Efengyl Crist yr oedd Paul hefyd yn ei phregethu' (*HI* 10, t. 150) meddai, ac roedd yr ysbrydoliaeth ddwyfol yn ymestyn i'w lythyrau yn ogystal â'i weinidogaeth lafar. I Emrys roedd y genadwri apostolaidd yn awdurdodedig, ac ni ddylid byth mo'i hysgaru hi oddi wrth ddarlun dibynadwy yr efengylau o Iesu, ei berson a'i waith. Ymwrthodai â'r syniadaeth a gynrychiolwyd yng Nghymru gan yr Annibynnwr David Adams (1845–1922) yn ei gyfrol ddadleuol *Paul yng Ngoleuni Iesu* (1897) yn bennaf,[9] a fynnai greu hollt rhwng Paul, ei gyd-apostolion a Iesu ei hun.

'Nid gwiw darostwng yr apostolion er mwyn dyrchafu Crist', meddai:

> Nid oes dim ymhellach oddi wrth fy meddwl na dweud bod eu dysgeidiaeth hwy yn wrthwyneb i'w ddysgeidiaeth ef, megis y taera rhai. Y mae'r apostolion yn dystion credadwy i Grist, a thrwyddynt hwy yr adwaenwn ni ef. (*P* 15, t. 165)

Ac fel y cafwyd cofnod dibynadwy o'u gweinidogaeth yn Llyfr yr Actau, cafwyd cofnod yr un mor gywir o'u dysgeidiaeth yn yr epistolau. Saith pregeth sydd ganddo yn seiliedig ar epistolau diamwys Paul, ac mae'n gysurus i briodoli awduraeth yr Effesiaid i'r apostol ei hun (gw. *HI* 20, t. 303).

O ran y chwe phregeth sydd ganddo yn seiliedig ar destunau o'r Epistolau Bugeiliol, caiff y ddwy o I Timotheus, 'Gwir yw y gair ac yn haeddu pob derbyniad, ddyfod Crist Iesu i'r byd i gadw pechaduriaid o ba rai y pennaf ydwyf i' (1:15) ac 'Am hynny yr wyf yn ewyllysio i'r gwŷr weddïo ym mhob man, gan ddyrchafu dwylo sanctaidd, heb na dicter na dadl' (2:8) eu priodoli i'r apostol hefyd (*HII* 18, tt. 302–3; *P* 4, t. 42). O ran awduraeth felly, mae ei safbwynt yn un traddodiadol. Felly hefyd – a hyn yn fwy annisgwyl efallai – y tair pregeth sydd ganddo ar II Timotheus. Mae'r homili ar II Tim. 4:13 lle mae'r awdur yn siarsio'r Timotheus ifanc i ddod â deunyddiau darllen ato i'r carchar yn Rhufain: 'Y cochl a adewais i yn Nhroas gyda Carpus, pan ddelych, dwg gyda thi, a'r llyfrau, yn enwedig y memrwn', yn gosod allan ei resymau yn glir. Os yw'r farn feirniadol yn amheus o'r awduraeth apostolaidd ar sail arddull a chynnwys, beth oedd yn rhwystro Paul, ac yntau bellach wedi mynd heibio'r canol oed, rhag llunio llythyr personol at ei gyfaill ifainc?

> Os nad yw'r llythyrau a ysgrifennodd efe *o* Rufain pan yn hynafgwr mor fuddiol a'r llythyr a ysgrifennodd *i* Rufain pan yn ŵr canol oed ac yn ŵr rhydd, y maent yn llawn mwy

diddorol. Yn sicr nid yw'r gwahaniaeth rhwng yr epistolau bugeiliol ac epistolau diamheuol Paul ddim yn profi nad efe oedd eu hawdur. (*HI* 23, t. 339)

Rhwng popeth felly, ac er gwaethaf y ffaith ei fod yn arddel y dulliau beirniadol cyfoes, pur ochelgar oedd defnydd Emrys ohonynt. Ac yna, o droi at y bum pregeth[10] sydd ganddo o'r Epistol at yr Hebreaid, mae'n derbyn y farn sefydlog nad Paul ond rhywun anhysbys oedd 'awdur y llythyr[au]' hyn (*HII* 20, t. 324).

Gellid honni wrth gloi'r adran hon mai pregethwr trwyadl feiblaidd oedd Emrys, wedi ei drwytho yn yr Ysgrythurau, yr Hen Destament yn ogystal â'r Newydd, yn awyddus iawn i oleuo'i bobl yn eu cynnwys, yn neilltuol yr ieuenctid fel y dengys ei gynghorion wrth eu derbyn yn gyflawn aelodau, ac yn cymryd yn ganiataol fod ei gynulleidfaoedd eisoes yn olau yn eu Beiblau. 'Byddai'n dda gennyf fedru argyhoeddi pob aelod sydd heb fod yn hen iawn', meddai yn 1881, cyn cymryd gofal eglwysig ei hun, 'fod anwybodaeth o'r Ysgrythur yn bechod diesgus, ac yn bechod mor bendant â chybydd-dod neu anghymedrolder' (*Erthyglau III*, t. 78). Ond amcan ymarferol oedd ganddo trwy'r cwbl. Nid bodloni chwilfrydedd deallusol ei wrandawyr oedd y nod ond eu hyfforddi i fod yn Gristnogion cywir. 'Nid casgliad o ddeddfau a barnedigaethau ydyw'r Beibl', meddai, 'eithr llyfr i'n cynorthwyo i wneuthur ewyllys Duw' (*HI* 14, t. 217).

Y cyd-destun diwinyddol

Methodist Calfinaidd o ran magwraeth, argyhoeddiad ac ymlyniad fyddai Emrys ar hyd ei oes. Fe'i ganed ar 25 Mawrth 1848 yn rhestai Ffordd-las, Abergele, a'i enwi yn Robert Ambrose, yn un o bum plentyn i John a Maria Jones, y tad yn arddwr naill ai ym Mryn-aber neu yng Nghastell Gwrych yn ymyl. Gwyddys ar sail ymchwil a gyhoeddwyd yn 1987 mai chwedl yn unig oedd y dybiaeth hirhoedlog mai Ffrances oedd hen-nain Emrys ar ochr ei mam, a ddaethai'n gymdeithes, yn *'lady's companion'*, i un o wragedd bonheddig yr ardal ddiwedd y ddeunawfed ganrif, gan briodi yn lleol ac aros yn y fro.[11] Er i stori'r 'gwaed Ffrengig' gael ei chredu gan y teulu, a thyfu'n rhan mor bwerus o fythos Emrys ap Iwan trwy gyfrwng *Cofiant* T. Gwynn Jones,[12] y gwir yw mai Saesnes ddigon gyffredin oedd Margaret, nain Maria, yn ferch i John Coates, mwynwr, a ddaethai i weithio yn chwarel Drws-y-coed, Llanllyfni, ddwy genhedlaeth ynghynt cyn symud i Sir Ddinbych ac ymdoddi i'r gymdogaeth leol. Yr hyn sy'n ddiymwad fodd bynnag oedd mai Methodistiaid oedd y teulu, yn addolwyr ffyddlon yn eglwys Mynydd Seion Abergele lle roedd John Jones yn flaenor ymroddgar ac yn athro Ysgol Sul diwyd. Arddel y ffydd deuluol a'i meddiannu drosto' i hun a wnaeth Emrys. Soniai yn fynych am ei ddyled i flaenoriaid y capel adeg ei blentyndod, âi yn ddi-feth i gapel Bedford Street y Methodistiaid Cymraeg pan oedd yn brentis siopwr yn Lerpwl yn ei arddegau cynnar, daethai i ddeall arwyddocâd aberth Crist trwy ddarllen cyfrol Lewis Edwards *Athrawiaeth yr Iawn* pan oedd yn bymtheg oed, ac aeth i Goleg y Bala i eistedd wrth draed ei hawdur pan oedd yn ugain. Fwy nag unwaith yn yr *Homilïau* mae'n sôn am ddyled ei deulu i Henry Rees a David Saunders, pregethwyr mawr ei gyfundeb pan oedd yn ifanc, ac yn ystod ei ddwy flynedd a mwy fel athro yn Lausanne rhwng 1872 ac 1875, addolai bob Sul gyda'r Anglicaniaid Saesneg yn y bore ac yn yr Église Réformée Galfinaidd gyda'r hwyr. Beth bynnag am ei feirniadaeth o'i gyfundeb ar fater yr 'Inglis Côs' a'i anesmwythyd gydag agweddau neilltuol o ddiwyddiaeth John Calvin, bu'n gwbl deyrngar i'w etifeddiaeth grefyddol hyd y diwedd. Pan holwyd ef am ei gredo gan Gymdeithasfa Llanidloes yn 1881

> atebodd Emrys ... ei fod 'yn credu fod y Beibl yn llyfr ysbrydoledig, fod Crist yn Dduw ac yn ddyn, yn Dduw-ddyn a Chyfryngwr, a bod ei aberth yn Iawn'. Dywedodd hefyd ei

'fod yn cydfyned â holl erthyglau y Gyffes Ffydd mor agos ag y gellid disgwyl i unrhyw ddyn gydfyned â hwy'.¹³

Oddi mewn i'r traddodiad hwnnw mae'n rhaid dehongli ei argyhoeddiadau athrawiaethol aeddfed. Erbyn ei flynyddoedd ffurfiannol roedd y cyd-destun diwinyddol eisoes yn newid. Lluniwyd Cyffes Ffydd y Methodistiaid Calfinaidd yn 1823, tra chanolai'r drafodaeth gyhoeddus o hynny ymlaen ar natur aberth Crist, y gwahanol fersiynau o Galfiniaeth – uchel, isel a chymedrol – ac athrawiaeth yr iawn. Cynhyrchodd y dadleuon hyn beth goleuni a chryn dipyn o gaddug, ac erbyn 1860, gyda chyhoeddi astudiaeth glasurol Lewis Edwards *Athrawiaeth yr Iawn*, roedd y sefyllfa yn aeddfed i symud ymlaen. Wedi hynny, nid gwaith Crist a natur yr aberth a fu yng nghanol y drafodaeth, ond athrawiaeth yr ymgnawdoliad a Pherson Crist. Fel dyn ifanc, etifeddodd Emrys y pwysleisiadau derbyniol, ond yn sgil ei ddarllen, ac yn arbennig ei gyfarwydd-der cynyddol â meddylwyr y cyfandir, Pascal a Vinet i ddechrau ac yna Martensen o blith y diwinyddion cyfoes, dechreuodd dorri ei gŵys ei hun. Er na chefnodd erioed ar y ffydd efengylaidd deuai'n fwyfwy amheus o Galfiniaeth fel cyfundrefn, a pharodd ei wrthwynebiad i ddiogi ysbrydol y Fethodistiaeth gyfoes iddo ddweud pethau plaen am ei gyd-grefyddwyr. 'Ni, y blaid efengylaidd o Brotestaniaid' (*HI* 10, t. 159) meddai amdanynt, ac eto, 'ni, Brotestaniaid efengylaidd' (*HII* 4, t. 60), ond gallai sôn hefyd am 'y dosbarth culfarn hwnnw ag sy'n galw eu hunain yn Brotestaniaid efengylaidd' (*HII* 12, tt. 184–5). Os oedd iachawdwriaeth yn gyfan gwbl o ras, nid roddai hyn yr hawl i Gristnogion ymorffwys yn ddioglyd ar aberth yr iawn heb godi eu croes mewn ufudd-dod costus a drud. Meddai yn ei bregeth fawr 'Cymru Gelwyddog' a draddododd yn 1889:

> Yr ydym, er ys can mlynedd a mwy, wedi ymgyfyngu yn ormodol i'r hyn yr ydys yn ei alw yn bregethu efengylaidd yn lle pregethu'r Gair – holl gyngor Duw, yn ddyletswyddau,

Y Beibl a'r cyd-destun diwinyddol

yn rhybuddion, yn fygythion ac yn athrawiaethau ... Fe gawsom do ar ôl to o bregethwyr campus i'n dysgu i fod yn grefyddol, ac yn Phariseaidd yn y fargen, ond pa bryd y cyfyd to arall o bregethwyr i'n dysgu i fod yn foesol? (*HI* 20, tt. 301–2)

Moesolwr efengylaidd fyddai Emrys ar hyd ei yrfa, *moraliste* ys dywedodd Saunders Lewis, gyda'i bwyslais mawr ar iawnweithredu, ymddisgyblu a sancteiddhad.

Erbyn yr 1870au, aethai Calfiniaeth yng Nghymru fwyfwy dan gwmwl, a'r un oedd y duedd yn eglwysi Diwygiedig y Swistir a Ffrainc.[14] Gwyddai Emrys am y datblygiadau hyn, ac roedd mewn cryn gydymdeimlad â nhw. Er iddo gydnabod rhagoriaeth y Diwygiwr fel esboniwr, nid oedd a fynno ddim oll â'i gyfundrefn athrawiaethol. 'Er bod Calvin ddau gan mlynedd o flaen ei oes mewn esboniadaeth', meddai, 'eto, roedd fil o flynyddoedd ar ôl ei oes mewn diwinyddiaeth' (*HI* 5, t. 82). 'Pam mae Calviniaeth wedi darfod o'r cyfandir ac nad ydys mwyach yn sôn fawr amdani yn y wlad hon ychwaith?', gofynnodd. Y rheswm, meddai, oedd 'fod ei sylfaenydd wedi gwneuthur penarglwyddiaeth Duw yn lle cariad Duw yn ganolbwnc ei gyfundraeth' (ibid., t. 81). Yn ôl Emrys, dyn sarrug, didostur oedd diwygiwr Genefa, a'i ddiwinyddiaeth yn adlewyrchu hynny:

> Duw tebyg i Galvin ei hun a geir yn niwinyddiaeth Calvin. Duw galluog, cyfiawn, heb ddim hawddgarwch ynddo. Meistr tost ac nid Tad daionus, fel nid yw ryfedd yn y byd fod ei ddiwinyddiaeth wedi diflannu er ys talm o'i wlad ef ei hun, ac ar ddiflannu o Gymru a'r Alban hefyd. (*Erthyglau III*, t. 149)

Mewn pregeth ar y rheidrwydd a fu ar y Crist dynol yntau i ddysgu ufudd-dod, mynnodd eto nad digon oedd ymddiriedaeth yn unig, ond bod angen i weithredoedd y credadun ymgyplysu â ffydd. 'Dichon na chewch y cyfarwyddyd hwn yng nghorff diwinyddiaeth Calvin neu Luther', meddai, 'ond mae enaid diwinyddiaeth yr Iesu yn rhy fawr i drigo mewn cyrff culion fel yr eiddynt hwy' (*P* 8, t. 93).

Amrwd iawn oedd y sylwadau hyn mewn gwirionedd gan fradychu rhagfarn yn hytrach nag adnabyddiaeth drwyadl o waith y Diwygiwr. Nid tan yr ugeinfed ganrif, a bod yn deg, y daethpwyd i wir werthfawrogi pa mor eithriadol oedd athrylith Calvin fel diwinydd, a chyn hynny roedd y gwawdlun ohono fel erlidiwr Servetus, unben Genefa a gelyn ymofyniad rhydd yn gyffredin iawn. Gwallus hefyd oedd dealltwriaeth Emrys o wir deithi'r ffydd Brotestannaidd. Er bod y Tad Morgan yn 'Breuddwyd Pabydd wrth ei Ewyllys', ei ddychan deifiol yn erbyn sectyddiaeth Ymneilltuaeth a ymddangosodd fel ysgrifau yn *Y Geninen* rhwng 1890 ac 1892, yn dweud:

> Y mae hynny o betha pendant oedd gynt yn perthyn i Brotestaniath, megis etholedigath Calvin a chyfiawnhad Luther, wedi eu bwrw ymaith ers canrifoedd. Yr hawl i brotestio yn erbyn barn ac arfer yr Eglwys gyffredinol ydi'r unig beth y mae'r Protestanied yn dal gafal ynddo,[15]

hanfod Protestaniaeth i Emrys oedd nid syniadaeth greiddiol Luther a Chalvin, nag ychwaith y nodau clasurol o *sola fide*, *sola gratis* a *sola scriptura*, sef cyfiawnhad trwy ffydd yn unig, iachawdwriaeth trwy ras ac awdurdod terfynol yr Ysgrythur, ond yn syml y syniad o ryddid barn. 'Er ein bod ni yn Brotestaniaid o ran proffes', meddai mewn un bregeth, 'eto Pabyddion ydym o ran cred, am ein bod fel hwythau yn gwadu egwyddor sylfaenol Protestaniaeth, sef hawl pob dyn i farnu drosto' i hun' (*HII* 9, t. 140). Ac eto:

> Y Cymry a ddylai fod y bobl barotaf i groesawu Protestaniaeth bur a llwyr, canys onid yw egwyddor fawr Protestaniaeth yn gynwysedig yn gryno mewn un o'r hen ddiarhebion: 'Rhydd i bob dyn ei farn, ac i bob barn ei lafar'. (*Erthyglau* III, t. 21.)

Ac yna drachefn, yn ei bregeth ar esgeuluso cydgynulliad, Hebreaid 10:25, soniai am 'egwyddor fawr Protestaniaeth, sef hawl pob dyn i farnu droso'i hun' (*P* 12, t. 132). Nid Protestaniaeth glasurol mo hyn o gwbl ond ffrwyth rhesymoliaeth Aroleuo'r ddeunawfed ganrif a'r *minimalism* athrawiaethol roedd Emrys yn ddigon beirniadol ohono fel arfer. Nid protestio *yn erbyn* cyfeiliorni Catholigiaeth Rufeinig oedd nod amgen y symudiad a gychwynnodd gyda Martin Luther yn Almaen yr unfed ganrif ar bymtheg, a barhaodd gyda Philipp Melanchthon yn Wittenberg, Huldrych Zwingli a Heinrich Bullinger yn Zurich, Martin Bucer yn Strasbourg a maes o law Thomas Cranmer yng Nghaergaint heb grybwyll Richard Davies, William Morgan a'r esgobion Cymreig, ond tystio *o blaid* (***pro-testare***) athrawiaethau canolog Eglwys y Gorllewin o'u puro a'u glanhau. Nid oedd a wnelo'r Diwygiad Protestannaidd â rhyddid yr unigolyn fel y cyfryw ond ag adfer oddi mewn i'r eglwys sylwedd clasurol y ffydd.

Roedd sylwadau'r Tad Morgan am Brotestaniaeth yn 'Breuddwyd Pabydd' nid yn unig yn amrwd ond yn sarhaus ac yn dramgwyddus ac mae'n anodd iawn gwybod beth oedd amcan yr awdur wrth eu cofnodi. Gan gydnabod mai dychan oedd y gyfres honno yn erbyn 'dylanwad mall y sectau',[16] roedd cryn dipyn o debygrwydd rhwng Emrys a'r offeiriad Pabyddol a gafodd y freuddwyd am gyflwr crefydd yng Nghymru 2012 ac sy'n traethu ei farn amdani: 'a minnau ... heb wraig na phlant i'm blino, ac wedi tramwyo llawer gwlad a dysgu aml iaith er mwyn ymgymhwyso i fyned yn genhadwr'.[17] Rhestr helaeth o enllibion maleisus a di-sail yn erbyn y Diwygwyr Protestannaidd yw'r sylwadau hyn sy'n ymestyn dros dudalennau lawer. Fe'u tynnwyd gan mwyaf o weithiau polemig fel *Histoire des variations des Églises protestantes* (1688) gan Jacques-Bénigne Bossuet, esgob Meaux, erthyglau poblogaidd gwrth-Brotestannaidd yn *Encyclopédie théologique* yr Abbé Migne a chyfrol ffugysgolheigaidd y barwnig Henry Bellingham, *Social Aspects of Catholicism and Protestantism* (1878). Mae'n debyg mai rhoi argraff o wrthrychedd academaidd oedd amcan Emrys trwy ddyfynnu o'r gweithiau hyn, ond prin bod hynny'n cuddio'r bustl sydd ynddynt. Er mwyn bod yn effeithiol mae'n rhaid i ddychan fod yn ddoniol, ond mae'r diffyg cymesuredd sy'n nodweddu'r tudalennau hyn yn gadael cam-flas ar eu hôl. (Mae'r un peth yn wir am yr ymosodiad rhywiaethol a chreulon ar Fyddin yr Iachawdwriaeth – o bopeth yn y byd – sydd hefyd yn andwyo'r gwaith). Mae hyn yn drueni mawr. Byddai beirniadaeth decach a mwy cynnil wedi cyflawni'r diben ganwaith yn well.

Os Paul-Louis Courier oedd y dylanwad mawr llenyddol ar Emrys wedi iddo ddychwelyd o Lausanne yn 1876,[18] y dylanwadau newydd o ran diwinyddiaeth oedd y Catholigwr Ffrengig Blaise Pascal (1623–62) ac Alexandre Vinet (1797–1847), brodor o Lausanne, awdur *Études sur Blaise Pascal* ac arweinydd yr Eglwys Ddiwygiedig Rydd yng nhalaith Vaud, y Swistir. Ar wahân (o bosibl) i'w bregeth ar Salm 50:21, fod dyn yn debyg ac yn annhebyg i Dduw:

> Os nad yw dynion syrthiedig yn gyfranogion o'r dwyfol anian, y maent eto hyd ryw fesur yn gyfranogion o'r dwyfol ddelw … Y mae'n amlwg fod dyn yn gallu canfod arwyddion o'i ddwyfoldeb yn y greadigaeth am fod olion dwyfoldeb ar ei feddwl ei hun …
>
> … Trwy ei gwymp aeth dyn yn annhebyg i Dduw yn ei sancteiddrwydd, ond y mae eto yn debyg i Dduw yn ei allu a'i awdurdod … O holl greaduriaid y ddaear, dyn yn unig a fedr feddwl am Dduw am mai efe yn unig a wnaed ar ddelw Duw (*HI* 4, tt. 62, 63),

mae'n anodd canfod olion uniongyrchol y *Pensées* ar yr *Homilïau*, er bod sylwebyddion wedi honni fod ôl y *Pensées* yn amlwg. Gellid cytuno, fodd bynnag, fod cyffyrddiadau Pascalaidd i'w gweld yn yr *Homilïau*, tra bod pwyslais Vinet ar grefydd fel ufudd-dod ac ar ddisgyblaethdod (*discipleship*) costus yn cael eu hadleisio trwy gydol holl gorff ei waith.[19] Pan welodd R. T. Jenkins lyfrgell Emrys wedi iddo farw yn 1906, rhyfeddodd pa mor eang oedd ei ddarllen a pha mor gatholig oedd ei chwaeth, '... yr oedd gwahaniaeth chwerthinllyd rhyngddi â llyfrgelloedd llawer o'n pregethwyr', meddai. 'Schleiermacher (yr oedd yno gopi cyflawn o'i gyfieithiad o Blaton) a Cousin, Vinet a Renan oedd yno, yn lle'r *Pulpit Bible* ac Esboniadau'r Cyfundeb'.[20] Ond yn bendifaddau, y prif ddylanwad ar yr Emrys aeddfed oedd 'Martensen, y dyfnaf o ddiwinyddion Protestannaidd yr oes hon' (*HII* 14, t. 228; cf. *HI* 10, t. 155). Yn ei ysgrif ar 'Y Clasuron Cymraeg' a draddododd fel darlith yn 1893, mae'n gweld tebygrwydd rhwng syniadaeth Hans Lassen Martensen (1808–84), y Lutherydd o Ddenmarc, a Morgan Llwyd, y Piwritan radical o Wynedd:

> Trowch i *Ddogmateg* Martensen, y pennaf o ddiwinyddion Lutheraidd yr oes hon, a darllenwch y bennod ar briodoleddau Duw ... Yn lle gosod Trugaredd a Chyfiawnder i ymladd â'i gilydd fel Punch a Judy yn ôl arfer isel y diwinyddion Piwritanaidd a hen bregethwyr y Methodistiaid, y mae efo ... yn edrych ar undod yr holl briodoleddau yn yr YDWYF tragwyddol.[21]

Yr hyn oedd yn gyffredin rhwng Pascal, Vinet a Martensen oedd y canoli bwriadol ar Berson Crist yn hytrach nag ar ei aberth yn unig, Cristnogaeth fel disgyblaethdod heriol a'r angen i ffydd weithredu ar lefel yr ewyllys a'r galon yn ogystal â lefel y pen. Roedd *Théologie pastorale* Vinet, llawlyfr ar gyfer y gwaith bugeiliol a'i waith crefyddol mwyaf dylanwadol, yn disgrifio ffydd fel ymuniaethu profiadol â Christ gan esgor ar gyfundrefn foesegol newydd tra bod Martensen wedi creu ei gorff diwinyddol o gwmpas y cysyniad o undeb â Christ yn hytrach na'r cyfiawnhad trwy ffydd arferol. I'r ddau ohonynt, roedd athrawiaeth yr ymgnawdoliad yn gwbl sylfaenol.[22] Y diwinydd o Gymro a ymgorfforodd y tueddiadau hyn orau oedd Thomas Charles Edwards (1837–1900), prifathro cyntaf Coleg Prifysgol Cymru Aberystwyth ac o 1890 ymlaen, olynydd ei dad, Lewis Edwards, fel prifathro Coleg y Bala. Yn ei waith ef y gwelwyd y canoli newydd ar Berson Crist gyda'r iawn yn cael ei wreiddio'n ddyfnach nag erioed o'r blaen yn athrawiaeth yr ymgnawdoliad.[23] Ni chyfeirir at waith Edwards Ieuaf yn yr *Homilïau* hyd y sylwais, ac nid oes yr un dyfyniad ynddynt o'i gyfrol allweddol ar y pwnc, *Y Duw-ddyn* (1897). Ond roedd y ddau ar delerau da â'i gilydd ac yng Ngholeg y Bala, ar wahoddiad y prifathro, y traddododd Emrys ddwy o'i ddarlithoedd pwysicaf, 'Cymraeg y Pregethwr' (1893) a 'Llenyddiaeth Grefyddol y Cymry Gynt' (1897):

> Yr oedd Dr Edwards, eich prifathro, yn gryf, a minnau'n wan pan gafodd o gennyf addo dyfod yma i'ch annerch. Mi allaf ddywedyd *Na wnaf* cystal â neb trwy lythyr, a hyd yn oed yn wyneb dyn os rhoddir i mi hamdden i ystyried; ond pan ddelo ambell un ar fy ngwarthaf yn ddisymwth, byddaf yn dueddol i addo peth y bydd yn edifar gennyf wedi hynny fod wedi ei addo. Dyma fy esgus am ymgymryd â gorchwyl a fuasai'n gweddu'n well i rywun hŷn ac enwocach.[24]

Er gwaethaf cythrwfl 'Yr Inglis Côs', 1876–81, pan aeth yr Emrys ifanc benben â Lewis Edwards, ei hen brifathro,[25] roedd Thomas Charles Edwards (fel ei dad fel mae'n digwydd) yn dra gwerthfawrogol o'r cyfraniad a wnaeth Emrys ap Iwan i ddiwylliant crefyddol ei wlad. Erbyn yr 1890au roedd yr hen densiynau fel pe na baent erioed wedi digwydd.

Gwelwn felly, wrth gloi'r bennod hon, mai diwinydd uniongred oedd Emrys, mewn cytgord bras â thraddodiad ei enwad, yn sensitif i heriau modernrwydd yn neilltuol ym maes daeareg, esblygiad biolegol a beirniadaeth feiblaidd, ond heb gredu bod hynny'n rheswm digonol i gefnu ar wirioneddau'r Gristnogaeth glasurol.

Nodiadau

1. Lewis Edwards, *Traethodau Duwinyddol* (Wrecsam: Hughes a'i Fab [1872]), t. 567.
2. Gw. D. Densil Morgan, *Theologia Cambrensis: Protestant Religion and Theology in Wales, Volume 2 The Long Nineteenth Century, 1760–1900* (Cardiff: University of Wales Press, 2021), tt. 260–7.
3. Gw. William Johnstone (gol.), *William Robertson Smith: Essays in Reassessment* (Sheffield: Sheffield Academic Press, 1995).
4. Gw. John W. Rogerson, *The Bible and Criticism in Victorian Britain: Profiles of F. D. Maurice and William Robertson Smith* (Sheffield: Sheffield Academic Press, 1997).
5. R. Tudur Jones, 'Ffydd Emrys ap Iwan', *Cymdeithas Emrys ap Iwan: Y Ddarlith Flynyddol Cyfrol 3 a 4* (Abergele: Cyngor Sir Clwyd, 1984), tt. 1–19 [8–9].
6. Gw. D. Densil Morgan, 'Llywelyn Ioan Evans (1833–92) and the Princeton Theology: a study in nineteenth-century biblical criticism', yn *Wales and the Word: Historical perspectives on religion and Welsh Identity* (Cardiff: University of Wales Press, 2008), tt. 55–87.
7. Gw. y drafodaeth yn Isaac Thomas, *Arweiniad Byr i'r Testament Newydd* (Caerdydd: Gwasg Prifysgol Cymru, 1963), tt. 114–23; D. P. Davies, *Cyfres Beibl a Chrefydd 2: Yr Efengylau a'r Actau* (Caerdydd: Gwasg Prifysgol Cymru, 1978), tt. 14–31.
8. Am grynodeb hwylus gw. Eryl Wynn Davies, 'Beirniadaeth Feiblaidd', yn idem (gol.), *Efrydiau Beiblaidd Bangor 4: Cyfrol Deyrnged i Owen E. Evans* (Dinbych: Gwasg Gee, 1988), tt. 77–111.
9. Gw. Morgan *Theologia Cambrensis: Volume 2, The Long Nineteenth Century*, tt. 301–2.
10. O ran arddull, cynnwys ac athrawiaeth, mae'n amlwg nad Emrys a luniodd y bregeth ar Hebreaid 13:8 yn John Owen ac O. Madoc Roberts (goln), *Pregethau Emrys ap Iwan* (Bangor a Chaernarfon: Llyfrfa'r Methodistiaid Wesleaidd a Llyfrfa'r Methodistiaid Calfinaidd, d.d.), tt. 111–17.
11. Gw. Bill Wynne-Woodward, 'The ancestry and early childhood of Emrys ap Iwan (Robert Ambrose Jones)', *Hel Achau: Cylchgrawn Cymdeithas Teuluoedd Clwyd*, 21 (1987), 15–26; cf. Bedwyr Lewis Jones, 'Hen nain Emrys ap Iwan', *Taliesin*, 60 (1987), 74–6.
12. T. Gwynn Jones, *Emrys ap Iwan: Cofiant* (Caernarfon: Cwmni'r Cyhoeddwyr Cymreig, 1912), tt. 7–13.
13. Jones, *Cofiant*, t. 105.
14. Gw. Morgan *Theologia Cambrensis: Volume 2, The Long Nineteenth Century*, tt. 250–4, 257; André Encrevé, 'Lost, Then Found: Calvin in French Protestantism, 1830–1940', yn Irena Backus a Philip Benedict (goln), *Calvin and His Influence, 1509–2009* (Oxford: Oxford University Press, 2011), tt. 224–54.

15 Dafydd Glyn Jones (gol.), *Emrys ap Iwan: Breuddwyd Pabydd wrth ei Ewyllys* (Bangor: Dalen Newydd, 2011), t. 27.
16 Jones (gol.), *Emrys ap Iwan*, t. 25.
17 Jones (gol.), *Emrys ap Iwan*, t. 15.
18 Gw. y 'Rhagymadrodd' a 'Paul-Louis Courier' yn D. Myrddin Lloyd (gol.), *Detholiad o Erthyglau a Llythyrau Emrys ap Iwan, II: Ieithyddol a Llenyddol* (Y Clwb Llyfrau Cymraeg, 1939), tt. ix–xx, 135–48; Saunders Lewis, 'Emrys ap Iwan', *Ysgrifau Dydd Mercher* (Y Clwb Llyfrau Cymraeg, 1945), tt. 74–83.
19 Amdano gw. Paul T. Fuhrman, *Extraordinary Christianity: The Life and Thought of Alexander Vinet* (Philadelphia: The Westminster Press, 1964).
20 R. T. Jenkins, 'Emrys ap Iwan', *Yr Apêl at Hanes ac Ysgrifau Eraill* (Wrecsam: Hughes a'i Fab, 1930), tt. 90–7 [92].
21 'Y Clasuron Cymraeg', yn Lloyd (gol.), *Detholiad o Erthyglau a Llythyrau Emrys ap Iwan, II: Ieithyddol a Llenyddol*, tt. 1–44 [18–19].
22 Yn ôl un sylwebydd, '[Martensen] used the incarnational focus as a systematic principle to reconceptualize many of the inherited doctrines of Lutheranism', Lee C. Barrett, 'Martensen as Systematic Theologian: The Architectonics of Incarnation', yn Jon Stewart (gol.), *Hans Lassen Martensen: Theologian, Philosopher and Social Critic* (Copenhagen: Museum Tusculanum Press, 2012), tt. 73–98 [73].
23 Gw. D. Densil Morgan, 'O'r Iawn i'r Ymgnawdoliad: cyfraniad diwinyddol Thomas Charles Edwards', *Diwinyddiaeth*, 61 (2010), 6–27; idem, 'Et Incarnatus Est: the Christology of Thomas Charles Edwards (1837–1900)', *Trafodion Anrhydeddus Gymdeithas y Cymmrodorion*, Cyfres Newydd 18 (2012), 56–66.
24 'Cymraeg y Pregethwr', yn Lloyd (gol.), *Detholiad o Erthyglau a Llythyrau Emrys ap Iwan, II: Ieithyddol a Llenyddol*, tt. 45–73 [45]; am 'Lenyddiaeth Grefyddol y Cymry Gynt', gw. yr un gyfrol, tt. 75–93.
25 Gw. D. Densil Morgan, *Lewis Edwards* (Caerdydd: Gwasg Prifysgol Cymru, 2009), tt. 215–25.

Pennod 3

Emrys ap Iwan a sylwedd y ffydd

Trindodaeth a'r athrawiaeth am Dduw

Yn ôl y ddiwinyddiaeth Galfinaidd, sancteiddrwydd a gras penarglwyddiaethol yw prif nodweddion y duwdod. Noda'r Gyffes Ffydd fod Duw yn ddigyfnewid ac yn dragwyddol, yn greawdwr hollalluog ac yn gynhaliwr ei greadigaeth, ac er bod pwyslais pendant ar ei drosgynnedd, mae Duw hefyd yn fewnfodol, yn ffynhonnell y bywyd sydd ynghudd ym mhob peth. Ynghyd â hyn mae Duw yn bod fel trindod o bersonau, y Tad yn greawdwr, y Mab yn achubydd a'r Ysbryd Glân yn sancteiddiwr. Nid yw'r natur driphlyg hon yn amharu ar undod sylfaenol y duwdod. Beth bynnag am anesmwythyd Emrys gyda Chalfiniaeth fel y cyfryw, mae'r cwbl uchod i'w weld yn yr *Homilïau*.

Yn unol â theithi diwinyddiaeth y Gorllewin, mae trindodaeth Emrys wedi'i gwreiddio yn undod Duw; (gyda natur driphlyg y duwdod, y tri pherson ar wahân, y mae Uniongrededd y Dwyrain yn dechrau):

Fel Bod hollwybodol, hollalluog a hollol dda yr ydys yn darlunio Duw yn y Beibl. Fel mae'r enw Tad sy'n arddangos orau berthynas Duw â dynion, felly 'Ydwyf yr hwn Ydwyf' sy'n arddangos orau beth yw Duw ynddo'i hun. (*HI* 4, tt. 68–9)

Nid oes dim byd statig ynglŷn â'r Duw hwn: mae'r Tad yn caru'r Mab yn dragwyddol; mae'r Mab, sef y Logos tragwyddol, yn ymateb i'r cariad trwy blygu i'r ymgnawdoliad a dod i'r byd, ac mae'r Ysbryd ar waith yn dragwyddol, yn taenu'r cariad hwnnw ar led. Ac mae yna drefn neilltuol y tu ôl i'r cyfan. 'Y mae yn dda gennyf fi feddwl fod yn y Drindod un person a allodd ddyfod i'r byd', meddai:

> Ni allasai'r Tad ddyfod am nad oedd neb i'w ddanfon. Ni buasai'n weddus i'r trydydd person ddyfod o flaen yr ail hyd yn oed pe gallasai. Y Mab a allai ddyfod i'r byd; y Mab a ellid ei ddanfon; y Mab a allai ufuddhau. Am fod Crist Iesu yn Fab Duw erioed y gallodd efe ddyfod mewn amser yn Fab y Dyn. (*HII* 18, tt. 298–9)

Ac o ran personau'r Drindod, weithiau'r Tad ac weithiau'r Mab sy'n cael y flaenoriaeth, ac odid fyth berson yr Ysbryd. 'Ni allai Duw Dad, ac efe yn ysbryd, ddim dangos ei dosturi fel y dangosodd Mab y Dyn ei dosturi', meddai wrth drafod Iesu'n tosturio wrth y dyrfa am eu bod fel defaid heb fugail yn Marc 6:34. 'Duw di-ddagrau oedd efe; am hynny ymddangosodd yn y cnawd fel y gallai wylo' (*HII* 8, t. 125). Weithiau mae'n ei chael hi'n anodd priodoli natur bersonol (*personhood*) i'r Ysbryd Glân o gwbl, fel yn ei homili ar Ioan 4:23–4, 'Ysbryd yw Duw, a rhaid i'r rhai a'i haddolant ef, ei addoli mewn ysbryd a gwirionedd'. Yn yr ymdriniaeth honno, natur *am*hersonol sydd i'r Ysbryd yn hytrach na'i fod yn cael ei gyfleu fel person dwyfol yn ei hawl ei hun (*HI* 7, tt. 111–14), er y gallai ddweud, yn gwbl uniongred mewn man arall:

Ni cheisiwn ddyrchafu un person dwyfol ar draul darostwng un arall, canys y mae cariad y Tad a chariad y Mab a chariad yr Ysbryd yn gyd-dragwyddol a gogyfuwch, ac y mae'r tri pherson yn cydweithio er ein hiachawdwriaeth. (*HI* 11, t. 175)

Y gwir yw, un thema yn nhrefn athrawiaethol Emrys yw'r Drindod a heb fod yn un ganolog. O ran ei athrawiaeth am Dduw, ei dadolaeth sy'n cael y flaenoriaeth; oddi mewn i'r Drindod ei hun, Duw-ddyndod y Mab sy'n ganolog, ac am yr Ysbryd, elfen iswasanaethgar yn y cynllun ydyw. Ond mae'n bur debyg fod yr un peth yn wir am y rhelyw o'i gyfoeswyr. Prin bod manylion technegol yr athrawiaeth yn cael y sylw priodol gan neb ar y pryd ar wahân i'r diwinyddion proffesiynol.[1]

Yn dilyn ymlaen o'r Drindod, mae Emrys yn cyfeirio at nodweddion Duw neu ei briodoleddau. Yn ôl y llawlyfrau athrawiaethol fel eiddo Martensen ac eraill, mae'r rhain yn cynnwys anfeidroldeb (sydd ynghlwm wrth hollalluogrwydd a hollwybodaeth), daioni (sy'n cynnwys doethineb, cyfiawnder a chariad), sancteiddrwydd, ac eraill fel dianwadalwch (*immutability*) a'r symylrwydd dwyfol (*divine simplicity*).[2] Mae'r homili 'Barn, cyfiawnder a thrugaredd' sy'n seiliedig ar Jeremeia 9:23–4 yn rhybuddio yn erbyn gorgyfundrefnu'r nodweddion dwyfol neu'u gwrthgyferbynnu â'i gilydd:

> Nid gwahanol deimladau yn gwrthwynebu'i gilydd ym mynwes Duw yw y priodoleddau. Er fy mod, yn ôl dull cyffredin y Beibl, yn sôn amdanynt megis pethau ar wahân, eto un ydynt yn y bôn. Agweddau ydynt oll ar ddaioni Duw sef y Duw sydd ar unwaith yn gariad ac yn oleuni. (*HII* 4, t. 66)

Er bod cymeriad Duw yn hysbys as sail y datguddiad yn yr Ysgrythurau, mae natur anfeidrol Duw yn hawlio gostyngeiddrwydd meddwl gan bawb sy'n ceisio'i ddeall:

Ni allai Duw... roddi datguddiad llawn ac eglur ohono'i hun i ddynion, a hynny am y rheswm amlwg na all bodau meidrol ddim derbyn datguddiad cyflawn am y Bod anfeidrol, ac nad yw eu hiaith hwy yn ddigon perffaith i gyflwyno'r fath ddatguddiad. I ni y mae Duw o hyd yn Dduw na ellir ei amgyffred, nid am ei fod yn trigo yn y tywyllwch eithr am ei fod yn trigo yn y goleuni ni ellir dyfod ato. (*HI* 4, t. 70)

Nid arwain at sgeptigiaeth a wna hyn ond at yr unig wybodaeth sy'n ddichonadwy yn ôl amodau'r datguddiad dwyfol: 'Wrth addoli Duw meidrol, amgyffredadwy, addoli eilun y byddem neu yn hytrach addoli delw ohonom ein hunain ac nid addoli'r gwir Dduw' (ibid.). Mae Duw'r Beibl, felly, yn Dduw cyfiawn a thrugarog, yn ddaionus, anfeidrol ac yn sanctaidd, ond uwchlaw dim arall mae'n Dduw cariadus:

> Câr yr Arglwydd dy Dduw, câr y person y mae ganddo hawl ar dy gariad; câr yr hwn sy'n anad neb yn haeddu ei garu, a hynny nid oblegid yr hyn ydyw ynddo'i hun ond hefyd oblegid yr hyn a wnaeth erot ti ... Beth yr oedd yn ei wneud pan oedd enaid ei Anwylyd yn drist hyd angau? Caru dyn â'i holl enaid. Beth yr oedd yn ei wneud pan y daeth allan waed a dŵr o ystlys y gŵr a fu farw ar y groes? Caru dyn â'i holl galon. Beth yr oedd yn ei wneud pan y cyfododd e'r Iesu o feirw yn ôl gweithrediad nerth ei gadernid? Caru dyn â'i holl nerth. Taflodd Duw ei hunan i gyd oll i'r gwaith o gadw a dyrchafu pechadur. Y mae efe wedi ymlenwi ac wedi ymwisgo â chariad, yn gymaint felly fel yr oedd yn ymddangos i Ioan yn un clamp anfeidrol o gariad. Y mae'r Duw anfeidrol wedi ymgolli mewn cariad at ddyn, ac ni bydd dyn yn berffaith ddedwydd hyd y bo yntau wedi ymgolli mewn cariad at Dduw. (*HI* 8, tt. 126–7)

Wrth drafod yr athrawiaeth am Dduw, mae'n rhaid trafod y cysyniad o etholedigaeth. Yn ôl y dyb boblogaidd, etholedigaeth oedd athrawiaeth sylfaenol y ffydd Galfinaidd, sef bod arfaeth Duw yn ddi-syfl, a chan i'r ethol ddigwydd cyn bod amser ac ar wahân i gydsyniad y sawl a gaent eu hethol, roedd yn absoliwt. Symleiddio dirgelwch a wnâi'r dehongliad hwn, ond roedd y pegynu ynghylch uchel, isel a Chalfiniaeth gymedrol (heb sôn am yr adwaith Arminaidd) a nodweddodd y meddwl diwinyddol Cymraeg yn hanner cyntaf y bedwaredd ganrif ar bymtheg, yn dangos fod y materion hyn yn bethau byw. Lewis Edwards yn anad neb, yn ei gyfres ysgrifau 'Cysondeb y Ffydd' yn *Y Traethodydd* rhwng 1845 ac 1853, a leddfodd y tensiynau trwy ddal yn dynn yn y cysyniad o sofraniaeth Duw ar y naill law, a chaniatáu rhyddid ewyllys dyn ar y llall.[3] Erbyn yr 1860au, fodd bynnag, ac ymhlith yr Annibynwyr a'r Bedyddwyr yn fwyaf arbennig, dechreuodd y consensws hwn ymchwalu a hynny ar yr union adeg i Galfiniaeth hithau ddechrau mynd dan gwmwl. Fel llawer a adweithiodd yn ei herbyn, priodolodd Emrys y cysyniad o wrthodedigaeth (*reprobation*), sef bod Duw yn ethol rhywrai i ddamnedigaeth, i'r ffydd Galfinaidd fel y cyfryw. 'Y mae Calvin a'r Calviniaid', meddai, 'yn credu bod Duw er tragwyddoldeb wedi arfaethu rhyw nifer o ddynion yn ddiamodol i iachawdwriaeth a gogoniant, a bod pawb arall wedi eu gwrthod neu eu gadael' (*Erthyglau III*, t. 155). Fel mae'n digwydd roedd Calfiniaid cymedrol fel Thomas Jones o Ddinbych (1755–1820) wedi ceisio ymddihatru oddi wrth y dyfaliadau hyn, ond i lawer, Emrys yn eu plith, sawrai Calfiniaeth o dyngedfennaeth o hyd.

Beth bynnag am y manylion, ceisiodd Emrys lynu'n deyrngar wrth ei etifeddiaeth fel Methodist Calfinaidd Cymraeg. Fe'i hordeiniwyd gan Gymdeithasfa'r Wyddgrug yn 1883 ar y sail ei 'fod yn cydfyned â holl erthyglau y Gyffes Ffydd mor agos ag y gellid disgwyl i unrhyw ddyn gydfyned â hwy', ac roedd yr erthyglau hynny, wrth reswm, yn cynnwys y cysyniad o etholedigaeth. Ond nid etholedigaeth gaeth oedd hon am iddi ganiatáu lle i ryddid ymateb dyn. Gan ystyried hynny, gallai'r athrawiaeth fod yn un gadarnhaol a chysurlon. Beth bynnag am ryddid ewyllys dyn, roedd rhyddid sofran Duw wrth wraidd iachawdwriaeth ei bobl:

> Efallai y dywed rhywun fod arfaeth ac etholedigaeth yn bod. Y maent *yn* bod yn ddiamau, er hynny *rhannau* ydynt o drefn Duw i gadw pechaduriaid. Fe ddatguddiodd Duw inni y dyfnion bethau hyn fel y gwybyddem fod ein hiachawdwriaeth o'r dechrau i'r diwedd yn gwbl o ras; ac onid yw pob dyn a achubwyd yn barod iawn i gydnabod mai yn rhad y cafodd ei achub? (*HII* 18, t. 301)

Nid mater o naill ai neu oedd hyn, ond bod y ddau wirionedd mewn ffordd ddirgel iawn yn cydgordio â'i gilydd. 'Y mae llawer peth sydd yn ymwahanu yn ei frigau yn ymgyfarfod yn ei foncyff', meddai.

> Peth hawdd iawn yw gwneuthur cyfundrefn gron a chyson yr olwg trwy adael allan wirioneddau anghyfleus; y gamp yw gwneuthur cyfundrefn ddiwinyddol a gynhwysa bob gwirionedd. (*HII* 16, t. 259)

Roedd yr un peth yn wir am natur ddigyfnewid Duw a'r ffaith ei fod yn newid ei fwriad, yn ôl y Beibl, mewn ymateb i weddïau ei bobl:

> Ni allaf fi egluro, ac ni all neb egluro, pa fodd y dichon i edifeirwch a gweddi dyn ddylanwadu ar y Duw digyfnewid, neu pa fodd y gall y cyfryw Dduw newid ei ffyrdd tuag at ddynion heb newid ei feddwl hefyd. Er hynny rhaid i ni gredu ei fod yn ddigyfnewid, a chredu ar yr un pryd ei fod yn rhydd. (*HI* 1, t. 16)

Ac o droi yn ôl at etholedigaeth: 'Yr ydwyf fi yn credu mewn etholedigaeth gras', meddai, 'ond yr wyf yn credu hefyd mewn *d*etholedigaeth naturiol ... Yr wyf yn credu mai o ras a ffydd y cedwir pawb, ond yr wyf yn credu hefyd mai'r cryfaf a orfydd yn y byd arall fel yn y byd hwn' (*HI* 14, t. 250). Fel y byddai gweithredoedd yn ymhlyg yn ei gysyniad o gyfiawnhad trwy ffydd, roedd sofraniaeth Duw yn cynnwys ymateb rhydd o du dyn. A deng mlynedd ar hugain ar ôl iddo eistedd wrth ei draed yng Ngholeg y Bala, Lewis Edwards a gâi'r clod ganddo o ddysgu'r gwirionedd hwn iddo. Meddai mewn homili a luniodd ar 29 Ebrill 1900:

> Gwnaeth Dr Edwards lawer tuag at ostegu'r mân ddadleuon diwinyddol a fu yng Nghymru trwy ddangos nad yw Calviniaeth ac Arminiaeth ddim mwy anghyson â'i gilydd nag ydynt â hwynt-hwy eu hunain, canys y mae'r Calviniaid, wrth rybuddio, yn llefaru fel Arminiaid, a'r Arminiaid, wrth weddïo, yn llefaru fel Calviniaid. Er hynny, yn eu hanghysondeb ymddangosiadol hwy y mae eu cysondeb gwirioneddol. (*HII* 16, t. 260)

Roedd goblygiadau hynny yn perthyn i ddirgelwch yr arfaeth:

> Ni pherthyn i mi ymdroi i ateb cwestiynau anorffen ynghylch gallu dyn a gras Duw. Y mae yn ddigon i mi gyhoeddi fod gorchymyn i bob dyn droi a dyfod at yr Iesu, ac fod ei gydwybod ei hun yn tystiolaethu fod dyled arno i droi. Paham y rhaid i druan sy'n ewyllysio *cael* gorffwystra, a Gwaredwr sy'n ewyllysio *rhoi* gorffwystra fod byth ar wahân? (*HII* 6, tt. 92–3)

Nid etholedigaeth fodd bynnag ond tadolaeth Duw a'i gariad achubol a gâi'r flaenoriaeth gan Emrys o ran ei athrawiaeth am Dduw: 'Tadolaeth Duw a brawdoliaeth dynion oedd dwy athrawiaeth fawr ei efengyl ef' (*HI* 11, t. 173), meddai. Erbyn diwedd y ganrif roedd y syniad o iawn Crist fel cosb ar bechod wedi ei liniaru, ac ymgais wedi'i wneud i flaenoriaethu'r cariad dwyfol hyd yn oed wrth ystyried cyfiawnder Duw a'i sancteiddrwydd. Gwnaed hyn fynychaf trwy bwysleisio natur Duw fel Tad. Er bod sancteiddrwydd Duw yn cael lle blaenllaw yn yr homili fawreddog ar alwad y proffwyd yn Eseia 6, mae'r sancteiddrwydd hwnnw yn cynnwys tadolaeth ac – mewn nodyn sy'n hynod yng nghyd-destun y cyfnod – nid yw'n amddifad ychwaith o gariad y fam:

> Bron na ddywedwn ei fod ef y pryd hwnnw yn gymaint o fam ag yw o dad. Yn wir, ni byddai ef yn dad perffaith oni bai fod ynddo dynerwch a thringarwch[4] mam. Y mae'n wir nad yw'r Beibl ddim yn galw Duw yn fam ond mae'n dywedyd ei fod yn ymddwyn fel mam. (*HI* 6, t. 93)

Eto, wrth drafod y proffwyd Hosea:

> Y mae yn wir nid ydys, am resymau hawdd i'w dyfalu, ddim yn galw Duw yn wraig nac yn fam yn y Beibl, ond yr ydys yn dangos ynddo ei fod mor dyner a gwraig briod ac mor dringar a mam ... Yn wir, nid oes yr un tad yn berffaith oni bydd ynddo gryn lawer o'r fam, ac nid oes yr un gŵr yn berffaith oni bydd ynddo rai o ragoriaethau'r wraig. O! Y mae rhyw ledneisrwydd yng nghariad y Duw mawr sy'n gwisgo ei gadernid â phrydferthwch. (*H1* 5, t. 83)

Er i uniongrededd glasurol ddysgu erioed fod y Duw trosgynnol y tu hwnt i rywedd (*gender*), bu'n anodd i Gristnogaeth ymddihatru oddi wrth yr elfennau patriarchaidd sydd yn y Beibl, tra bod rhagdybiaethau rhywiaethol wedi effeithio, onid wedi andwyo, dealltwriaeth Cristnogion o rai o hanfodion y ffydd yn rhy aml o lawer. Nid tan dwf y ddiwinyddiaeth ffeministaidd o ganol y 1960au ymlaen y dechreuwyd ystyried y thema hon o ddifri, ond gwelwn yma fod Emrys yn ymwybodol ohoni eisoes.

Ynghyd â hyn, mae ei athrawiaeth am Dduw ynghlwm wrth y cysyniad o ddatguddiad. Nid un cudd mo Duw, ond un sy'n ei ddatgelu ei hun i bwy bynnag a fynn ddod ato mewn taerineb ffydd:

> I bob enaid a'r sy'n ewyllysio gweled yr anweledig a chlywed y pethau anhraethadwy, Duw yn ymddangos a Duw yn llefaru yw'n Duw ni erioed ... Ni allaf fi garu nac ofni Duw nad ydyw byth yn ymddangos. Nid oes gennyf fi ddim i'w ddywedyd wrth Dduw nad oes ganddo ddim i'w ddywedyd wrthyf fi. (*HI* 2, t. 24)

Yng Nghrist y cafwyd y datguddiad hwn yn ei gyflawnder, a Christ, felly, yw'r allwedd i ddatgloi realiti y cariad dwyfol. 'Pa beth yw'ch barn am arfaeth Duw ac etholedigaeth, am barhad mewn gras ac athrawiaethau eraill?' meddai. 'Gofyniadau pwysig a go fuddiol hefyd, ond dyma ofyniad pwysicach a buddiolach o lawer: beth debygwch chwi am Grist? (*HI* 13, t.196)

Trindodwr, felly, oedd Emrys, yn diwinydda oddi mewn i fframwaith y Fethodistiaeth Galfinaidd fel y datblygasai erbyn diwedd y bedwaredd ganrif ar bymtheg, a'i athrawiaeth am Dduw yn canoli ar ei gariad yng Nghrist a'i dadolaeth. Ac iddo ef, roedd y dadolaeth honno yn cynnwys elfennau benywaidd yn ogystal.

Cristoleg ac athrawiaeth yr iawn

Yn y canoli ar Berson Crist a nodweddodd y drafodaeth ddiwinyddol yn chwarter olaf y bedwaredd ganrif ar bymtheg, rhoddwyd sylw newydd i'r diffiniad clasurol fod yr Arglwydd Iesu o'r un hanfod â'r Tad o ran ei dduwdod ac o'r un hanfod â gweddill dynolryw o ran ei ddyndod, a bod y ddwy natur 'heb gymysgu, heb gyfnewid, heb ymrannu a heb ymwahanu'. Dyma'r diffiniad y penderfynwyd arno yng Nghyngor Chalcedon yn 451 OC i warchod yn erbyn cyfeiliornadau Arius, Apolinarius, Nestorius ac Eutyches, ac a fu'n normadol yn yr eglwys fyth oddi ar hynny.⁵ Wrth drafod duwdod y Mab, nid yw Emrys fyth yn ei ysgaru oddi wrth ddyndod Crist – heresi Nestorius fyddai hynny – tra mynnai bod Duw, yn yr ymgnawdoliad, wedi ymuniaethu yn llwyr, yn gyfan gwbl ac yn berffaith gyda pherson hanesyddol Iesu o Nasareth. Nid oes dim arlliw yn ei bregethau o heresi Arius, nad oedd Crist o'r un sylwedd â'r Tad; o heresi Eutyches, fod y ddwy natur wedi ymgymysgu fel nad oedd Iesu mewn gwirionedd nac yn Dduw nac yn ddyn; nac o heresi fwy cyffredin Apolinarius, fod y duwdod wedi llyncu'r dyndod mor llwyr fel nad oedd Iesu ond yn ffurf ar Dduw yn ymagweddu megis dyn. Er na chyfeiria'r *Homilïau* at fanylion technegol y trafodaethau hyn, mae Emrys yn cadw'n bur agos at yr argyhoeddiadau uniongred ynghylch undod y ddwy natur mewn un Person cyfansawdd. Iddo ef, dyma hanfod athrawiaeth yr ymgnawdoliad, sef bod 'Duw wedi ymddangos yn y cnawd'.

Wrth grybwyll duwdod Iesu, meddai, ar sail Hebreaid 5:8–9: 'Er ei fod yn Fab, dysgodd ufudd-dod trwy y pethau a ddioddefodd':

> Yr oedd yn unig anedig Fab yn dragwyddol, yn hollwybodol ac yn hollalluog fel y Tad ei hun ... [ond] er ei fod yn gyfryw Fab, eto, wrth ddyfod yn ddyn, fe ddaeth i sefyllfa yr oedd yn rhaid iddo ynddi ymberffeithio mewn ufudd-dod, ac ym mhob peth arall, trwy ddysgu. (*P* 8, t. 87)

Nid bygythiad i'w dduwdod oedd y proses hwn, ond gwedd anorfod o ddeinameg yr ymgnawdoliad. 'Yn raddol y cynyddodd yr Iesu mewn gwybodaeth ohono'i hun fel ym mhob gwybodaeth arall', meddai (*P* 14, t. 155). Ac yna, wrth drafod Ioan 17, sonia fel y cynyddodd mewn sancteiddrwydd wrth iddo dyfu mewn ffafr gerbron Duw a dyn:

> Ni buasai Crist yn wir ddyn pe buasai mor sanctaidd yn ddeuddeg oed ag ydoedd yn ddeg ar hugain oed ar Galfaria. Y mae'n wir ei fod yn sanctaidd o'i enedigaeth ond yn

raddol, a thrwy ymdrech, y cyrhaeddodd y sancteiddrwydd y sonnir amdano yn y bennod hon. (*P* 3, t. 36)

Ond er gwaethaf ei ddyndod, Duw ydoedd yn y cnawd, dirgelwch oedd yn anodd i gyfoeswyr Iesu ei ddirnad. Wrth sôn am 'y bywyd tragwyddol' yn Ioan 17:3, mae'n cyfeirio at anhawster y disgyblion, a hwythau wedi'u trwytho mewn undduwiaeth Iddewig, i gredu yn nuwdod y Mab yn ogystal â duwdod y Tad: 'Yr oedd gan Dduw wers anos ar eu cyfer' meddai, 'sef credu bod gan Dduw, er ei fod yn un, Fab sydd ei hun yn Dduw' (*P* 7, t. 80). Nid un llai na Duw oedd Iesu, neu un yn ymagweddu megis Duw, ond Duw ei hun, wedi ymgnawdoli ym mherson Iesu, y Mab. Ac roedd y ddwy natur ynghlwm yn ei gilydd. Er i'r ffyddloniaid honni eu bod yn arddel uniongrededd, synhwyrai nad oedd heresi Nestorius wedi llwyr ddiflannu o'r tir:

> Nid yw yn wiw i neb chwarae yn anonest â geiriau yn ôl dull yr hen ddiwinyddion trwy ddywedyd mai fel yr oedd yn ddyn ac nid fel yr oedd yn Dduw yr oedd Crist yn ofni ac yn dioddef. A rannwyd Crist? A oedd cyn lleied o undeb a chydymdeimlad rhwng ei ddwy natur a phe buasent yn ddau berson gwahanol? Ysgoi ac nid cyfarfod â'r anhawster yr ydys wrth briodoli i un rhan o Grist yr hyn y dylid ei briodoli i'w holl berson. (*HII* 7, t. 105)

Ni ddylid ac ni ellid gosod y ddwy natur yn erbyn ei gilydd. Wedi dweud hynny, wrth ddod yn ddyn, cafodd proses yr ymgnawdoliad effaith ar dduwdod y Mab, a'r ffordd arferol o gyfeirio at hyn oedd yr ymwacâd. Yn ei draethiad ar I Ioan 3:2, 'ni a wyddom pan ymddangoso efe, y byddwn gyffelyb iddo' a luniwyd ar 29 Rhagfyr 1894, meddai:

> Pan y gwnaed ef mewn cyffelybiaeth dynion, efe a beidiodd â bod yn gyffelyb i Dduw yn ei hollwybodaeth a'i hollalluogrwydd. Wrth ymddarostwng, efe a'i dibrisiodd ei

hun, efe a'i gwacaodd a'i diddymodd ei hun gan beidio â bod dros amser yr hyn ydoedd o'r blaen. (*HII* 22, t. 359)

Ac yna, wyth mlynedd yn ddiweddarach, yn ei homili ar I Timotheus 1:15 a luniodd ar 26 Rhagfyr 1902, meddai:

> Er na pheidiodd efe â bod yn Dduw, fe beidiodd â bod yn ogyfuwch â Duw; er na roes heibio ei natur ddwyfol, fe roes heibio ei *ffurf* ddwyfol ... a'i gwacaodd ei hun. Wrth gychwyn i'w fordaith fe ysgafnhaodd ei long gan fwrw allan ohoni hyd yn oed y taclau a'r dodrefn fel y gallai hi nofio yn ddirwystr i sianel fas y ddynoliaeth. (*HII* 18, t. 297)

O nofio yn sianel fas y ddynoliaeth, byddai angen i Iesu, fel pawb arall, fod wedi ei eni o fam ddynol, yn gnawd o'i chnawd ac yn asgwrn o'i hasgwrn, ac yn sgil hynny mae Emrys yn dweud pethau annisgwyl, i bregethwr Cymraeg o Brotestant yn Oes Victoria, am y Forwyn Fair. 'Nid o wraig gyffredin y ganwyd yr Iesu', meddai yn ei bregeth ar Ioan 8:46, 'Pwy ohonoch a'm hargyhoedda i o bechod?', dyddiedig 23 Awst 1890, 'ond o'r Forwyn Fair Fendigaid, dynes etholedig o'r holl bobl etholedig' (*HII* 14, t. 228). Mae'n ymhelaethu ar hyn yn ei draethiad hynod ddiddorol ar grefydd deuluol yn seiliedig ar II Timotheus 1:3–5:

> Os mynnwn fod yn ddiwinyddion diragfarn, rhaid i ni gredu ei fod ef yn sanctaidd nid yn unig am ei eni o'r Ysbryd Glân ond hefyd am ei eni o'r Forwyn Fair. Yr oedd yn rhaid i Dduw wrth oesoedd a chenedlaethau lawer i ddarparu mam gymwys i'r Gwaredwr, a hynny yw un achos pam na ddaeth Crist yn y cnawd yn llawer cynt. Yr oedd yn weddus i Flaguryn yr Arglwydd ddyfod o hen foncyff da, sef o gyff Jesse, tad y llinach frenhinol a fu yn teyrnasu ar y genedl sanctaidd. Er mai lled isel ei sefyllfa ydoedd mam yr Iesu, eto roedd yn uchel ei bonedd, mor lasgoch a merch brenin, yn fwy bendigaid na holl wragedd Israel. (*HI* 17, tt. 257–8)

Nid mynegi cred yn yr athrawiaeth Gatholig o'r 'ymddŵyn glân a difrycheulyd' (*the immaculate conception*) a wna Emrys yma, sef bod Mair wedi ei chadw'n wyrthiol rhag cael ei llygru gan y pechod gwreiddiol, fel y mynnodd Saunders Lewis,⁶ ond yn syml bod llinach Mair yn tarddu o Ddafydd Frenin, ffaith hysbys ar sail tystiolaeth eglur y Testament Newydd. Ei dyndod sy'n bwysig yma, ac nid unrhyw berffeithrwydd moesol tybiedig a allai berthyn iddi. Ef, ac nid hi, sy'n ddibechod:

> Pan y gwnaethpwyd yr Iesu o wraig fe'i gwnaethpwyd dan ddeddf hefyd ... Yn hyn yn unig yr oedd efe yn annhebyg i ddynion eraill, sef nad etifeddodd efe mo bechodau ei hynafiaid. Fe'i gwnaed ym mhob peth yr un ffunud a ninnau, eto heb bechod. (Ibid., t. 258)

Ac yntau'n ddibechod, ymuniaethodd â'r ddynolryw bechadurus er mwyn ei hachub, a dyna sy'n arwain Emrys ymlaen o Gristoleg neu athrawiaeth Person Crist at athrawiaeth yr iawn sy'n canoli ar ei aberth a'i waith. Yn unol â'r ffydd Galfinaidd fel y'i mynegwyd yng Nghyffes Ffydd 1823 ac fel y cafodd ei chyfleu yn orffenedig yng nghlasur Lewis Edwards *Athrawiaeth yr Iawn*, er mwyn sicrhau achubiaeth ei bobl y bu rhaid i Grist fodloni'r ddeddf. Roedd y ddynolryw bechadurus wedi troseddu yn erbyn y ddeddf honno ac oblegid hynny o dan gollfarn. Gogoniant Crist, felly, oedd iddo gymryd baich pechod arno'i hun, dioddef y gosb ddwyfol yn lle dyn a thrwy hynny ei osod yn rhydd. Dyna, yn fras, oedd yr iawn. Er bod Lewis Edwards yn dra gofalus i wreiddio'r cwbl yng nghariad Duw tuag at ei bobl gan osgoi dehongliadau amrwd o'r athrawiaeth, roedd y syniad o Dduw yn *hawlio* marwolaeth ei Fab fel amod iachawdwriaeth yn rhwym o godi cwestiynau. Mae Emrys, fodd bynnag, yn gytûn â phrif bwyslais y ddysgeidiaeth. 'Wrth osod ei Fab yn iawn yr amlygai ef ei hunan fel Duw graslon a maddeugar', meddai. 'Rhaid oedd i Dduw wneud perthynas â'i greaduriaid trwy ordeinio'i Fab yn iachawdwr' (*P* 9, tt. 104, 105).

Fel iachawdwr roedd Iesu yn ddi-fai. Yn ei bregeth 'Pwy ohonoch a'm hargyhoedda i o bechod', meddai: 'Yr oedd efe yn gweddïo llawer, ond a glywyd ef erioed yn gweddïo am faddeuant?' (*HII* 14, t. 230). Ond eto, er na chyflawnodd bechod, cymerodd faich pechod arno'i hun: 'Dyma ef o gariad at ddyn yn dyfod i'r byd er mwyn dwyn arno'i hun ei anwiredd, a dioddef cosbedigaeth ei heddwch' (*HII* 5, t. 72).

> Os nad yw yn bechadur, bu yng nghyflwr pechadur a dioddefodd gosb pechadur. Bu unwaith cyn debyced i bechadur ac y gallai Duw ei hun ei wneuthur, trwy ddarfod ei wneuthur yn bechod drosom ni. (*HI* 13, t. 194)

'Er mwyn pwy y dioddefodd hyn oll?', gofynnodd eto:

> Nid o'i achos ei hun y lladdwyd y Meseia. 'Cosbedigaeth ein heddwch ni oedd arno ef'. Dyma un na wnaeth bechod yn cael ei gosbi am bechod. Yr oedd i un sanctaidd ei gyfrif yn bechadur yn beth oedd bron yn annioddefol. Yr oedd dwyn ein heuogrwydd ni yn anhraethol fwy poenus i'r Cyfiawn hwnnw na dioddef ein cosb. (*P* 9, t. 108)

Mae'n ofalus i ddweud nad y Tad a gosbodd y Mab – syniad cyfeiliornus a fu, fodd bynnag, yn boblogaidd mewn cenedlaethau gynt – ond mynnodd yn hytrach fod y Mab wedi camu i'r fan ble cafodd pechod ei gosbi. Er mwyn manteisio'n achubol ar waith Crist, roedd gofyn i'r pechadur gofleidio'r efengyl drosto'i hun.

Yna, yn ei bregeth ar Matthew 11: 28–30, 'Deuwch ataf fi bawb a'r sydd yn flinderog ac yn llwythog', meddai am y gwaredigion:

> Y mae efe yn eu llwyr brynu hwynt oddi wrth felltith y ddeddf am ei fod ef ei hun wedi ei wneuthur yn felltith drostynt; ac y mae efe yn ailfedyddio'r ddeddf gan ei galw yn gyfraith Crist ac nid yn gyfraith Moses. (*HII* 6, t. 89)

Ac mae'r aberth hwn yn drylwyr i'r eithaf ac yn derfynol:

> 'Efe a faddeuodd yr holl gamweddau gan ddileu ysgrifeniadau yr ordeiniadau, yr hon oedd yn ein herbyn ... ac a'i cymerodd hi oddi ar y ffordd, gan ei hoelio wrth y groes'. Y mae efe nid yn unig wedi sgrifennu 'Talwyd' wrth droed y bil, ond y mae wedi difetha'r papur trwy ei goluro'i gyd drosto â'i waed ei hun, a'i dyllu drwyddo draw â hoelion y groes fel na allai na deddf na diafol mwyach wneud defnydd ohono yn ein herbyn. (*HII* 12, tt. 200–1)

Er mor ganolog oedd marwolaeth Crist i'r drefn hon, roedd wedi'i gwreiddio'n ddwfn yn ei fywyd a'i ufudd-dod cyson ar hyd ei oes. Mewn geiriau eraill, mae Emrys yn ofalus iawn i glymu'r iawn yn dynn wrth yr ymgnawdoliad:

> Ni fodlonir y gyfraith yn ein dioddefiadau ni, eithr hi a gafodd ei bodloni yn nioddefiadau Mab Duw. Gwell, efallai, fyddai dweud iddi gael ei bodloni trwy ei ufudd-dod, canys ufudd-dod hyd angau oedd ei ddioddefaint ef, a thrwy ddioddefaint y dysgodd ef ufudd-dod. Bywyd o ddioddef oedd ei fywyd ef. Nid yng Ngethsemane a Chalfaria yn unig yr aberthodd y Gwaredwr ef ei hun. Gwnaeth hynny wrth ymgnawdoli. Gwnaeth hynny ym Methlehem, yn Nasareth ac ym mhobman arall. Dechreuodd ddioddef a marw pan ddechreuodd fyw. (*P* 17, t. 195)

Nid peth awtomatig oedd ei berffeithrwydd moesol, yn tarddu o'i dduwdod, ond ffrwyth ei ufudd-dod parhaus o ran ei ddyndod:

> Er nad oedd raid iddo weddïo am edifeirwch a maddeuant, eto yr oedd yn rhaid iddo yn barhaus weddïo am nerth i gyflawni ei waith, canys yn nyddiau ei gnawd ni allai wneuthur dim ohono'i hun. (*HI* 12, t. 184)

Un o wendidau yr hen ddehongliad oedd ei gwneud hi'n hawdd iawn i ysgaru'r Tad oddi wrth y Mab ym mhroses yr achub a chreu hollt rhwng cyfiawnder Duw a'i gariad. Er i Lewis Edwards wneud ei orau i gysoni'r ddwy briodoledd, oherwydd yr elfen o reidrwydd yn yr athrawiaeth a'r pwyslais ar fodloni hawliau'r ddeddf, bu'n anodd i bobl ymysgwyd yn rhydd o'r dyb hon. Meddai Emrys mewn homili a luniwyd ar 25 Mai 1897:

> Pan oeddwn i yn fachgen, nid peth anghyffredin fyddai clywed pregethwyr yn darlunio Duw Dad fel math o farnwr sarrug yn eistedd ar y fainc mewn llys barn ac yn edrych yn ddigofus ar y pechadur crynedig a oedd yn sefyll o'i flaen. Y Mab, yn y gwrthwyneb, yn fwyn ei wedd ac yn wlyb ei ruddiau gan ddagrau, yn sefyll rhwng y ddau, gan ddangos y clwyfau ar ei gorff, er mwyn dylanwadu ar y barnwr i arbed y troseddwr ... Er bod addysg gyffredinol wedi dysgu pregethwyr, a gwrandawyr hefyd, i ddiflasu ar ddisgrifiadau isel a materol o'r fath yma, y mae lle i ofni fod y syniad cyfeiliornus sy'n gorwedd dan y disgrifiad yn aros o hyd ym meddyliau llawer o'r werin. (*HI* 11, tt. 170–1)

Fel Lewis Edwards yntau heb sôn am Thomas Charles Edwards yn ei ysgrif bwysig 'Yr Iawn' (1893) ynghyd â'i gyfrol flaengar *Y Duw-ddyn*,[7] yr hyn oedd wrth wraidd y cyfiawnder dwyfol oedd ei gariad. Roedd y bwriad achubol yn ymestyn at y ddynolryw gyfan ac roedd y Tad a'r Mab yn gweithio mewn perffaith gytgord er mwyn cyflawni manylion yr arfaeth. 'Nid cael ei ennill i garu dynion gan ei Fab a wnaeth y Tad', meddai Emrys,

> eithr cael ei gynhyrfu i garu gan ei natur ei hun ... Y mae'r syniad am undod y Tad a'r Mab o ran natur ac ewyllys yn ein hatal rhag synio am un o'r personau dwyfol yn deisyfu ffafr gan berson dwyfol arall. (Ibid., tt. 171, 175)

Cyfeiriodd at y pwynt hwn fwy nag unwaith:

Gwyliwn rhag gwneud cam â chymeriad y Tad wrth ddarlunio ei deimlad tuag at ei Fab ar y groes. Nid mab mwyn i dad dreng ydyw Iesu Grist, ond mab cariadus Duw cariadus. Y mae'r anfonedig yn berthynas rhy agos i'r anfonwr i ddynion gyferbynnu'r naill mewn modd anffafriol i'r llall. Y Mab a ddaeth a'r Tad a'i danfonodd. Y Mab a'i rhoddes ei hun a'r Tad a'i traddododd. Y Mab a gladdwyd a'r Tad a'i cyfododd. Dangosodd y Tad gymaint o gariad wrth roddi ag a ddangosodd y Mab wrth ymroddi. (*P* 7, t. 83)

Y gwirionedd diwinyddol sylfaenol oedd mai cariad oedd Duw; bod y Tad a'r Mab a'r Ysbryd wedi'u huno yn y cariad tragwyddol, a phwrpas yr arfaeth oedd mynegi'r cariad hwnnw er iachawdwriaeth y byd. 'Gesyd llawer ohonom, yn ddiarwybod i ni ein hunain, fwy o bris ar gariad y Mab nac ar gariad y Tad' (*P* 9, t. 106) meddai, ond cyfeiliornad oedd hwnnw. O gofio'r gwirionedd sylfaenol, doedd dim angen i neb boeni p'un ai oeddent wedi'u hethol neu beidio. Y cwbl roedd angen iddynt ei wneud oedd credu. Crist ei hun oedd wrth wraidd etholedigaeth y saint:

A oes arnoch ofn y cyngor bore a'r arfaeth dragwyddol? Na raid fod arnoch ddim: meddyliau calon Duw ydynt, meddyliau sy'n ymferwi gan gariad tuag at bechadur, meddyliau wedi eu mwydo a'u meddalu yng ngwaed y galon fawr a ymdoddodd ar Galfaria. (*HI* 1, t. 21)

Thema gyson iawn yn yr *Homilïau* yw cariad y Tad ym Mherson y Mab fel y'i hamlygwyd yn aberth y groes, ac nid hwyrach y bregeth fwyaf trawiadol ar y pwnc yw'r un a seiliwyd ar Ioan 8:28, 'Pan ddyrchafoch chwi Fab y Dyn, yna y cewch wybod mai myfi yw efe' a luniodd ar 20 Medi 1900. 'Pregethu Crist wedi ei groeshoelio sydd ym mhob man yn tynnu'r tyrfaoedd', meddai; 'Pan flino dynion ar wrando'r ymadrodd am y groes y maent hefyd, gan mwyaf, yn blino ar wrando pob ymadrodd efengylaidd arall' (*HI* 10, t. 161). Un peth, fodd bynnag, oedd clywed yr ymadrodd am y groes ond peth arall oedd dirnad ei ystyr. Yn yr un modd, un peth oedd gweld Crist yn marw ar y groes ond peth arall oedd sylweddoli'r rheswm y tu ôl i'r aberth a chael budd achubol ohono. 'Pan oeddwn i yn ddiweddar yn myned trwy Bafaria', meddai Emrys gan gyfeirio at un o'i deithiau mynych i gyfandir Ewrop,

> meddyliais unwaith droi i bentref Oberammergau i weled y pentrefwyr yn chwarae'r dioddefaint. Ond meddyliais wedyn y gwnaethai dyn yn cymeryd arno dristáu yn yr ardd ac yn cogio marw ar y groes fwy o niwed i mi nag o les. Cawswn weled y croesbren, yr hoelion, y cnawd a'r gwaed, ond pa ogoniant, ie pa ras a gwirionedd sydd yn y pethau allanol hynny? (Ibid., t. 162)

Cynnil, wedi'r cwbl, oedd disgrifiadau yr efengylau o ddioddefaint y Mab, ac ymatalgar oedd yr apostolion wrth bortreadu ing y groes ac roedd yna reswm am hynny:

> Yn wir, y mae Ioan, hyd y gallo efe, yn gochelyd y geiriau *croes* a *chroeshoelio* a *lladd*, er mwyn dwyn sylw dynion oddi wrth y pethau at y person. Nid gofyn a welsoch y groes y mae efe, eithr gofyn a wyddoch pwy a fu arni; gofyn a welsoch ei ogoniant ef yn ogoniant megis yr unig anedig oddi wrth y Tad; gofyn a welsoch chwi ddwylo anwir yn ei ddyrchafu megis er mwyn helpu Duw i'w ogoneddu ... Oni welsoch yn y tywyllwch hwnnw oleuni dwyfol yn chwarae o amgylch pen yr hwn oedd yn marw? ... Os na welsoch goron gogoniant yn llewyrchu dan y goron ddrain, a'r orsedd yn sefyll ar ben grisiau'r groes, ni welsoch mo hanner y peth sy'n rhoi ystyr a swyn i farwolaeth Crist. (Ibid., tt. 162–3)

Nid boddhau chwilfrydedd anghredinwyr oedd pwrpas yr aberth ond denu pechaduriaid i ymwrthod â'u hunain er mwyn ymddiried yn y cariad maddeuol ac roedd i'r efengyl hon ei gwedd arswydus yn ogystal â'i gwedd gysurus:

> Oni thynnir ni at Grist o'n gwirfodd, fe'n tynnir ato ryw ddiwrnod er ein gwaethaf. Oni'n denir at ei groes, yna fe'n lluscir at ei fainc; '*Rhaid* i ni oll ymddangos gerbron brawdle Crist' ... Y dydd hwnnw plyga pob glin a chyffesa pob tafod fod Crist yn Arglwydd, er gogoniant Duw Dad. (Ibid., t. 165)

Nodiadau

1. Yr eithriad yw Lewis Edwards yn ei ymdriniaeth feistrolgar *Person Crist* (1898) a ymddangosodd gyntaf ar ffurf ysgrifau yng nghylchgrawn *Yr Arweinydd* yn 1879–80; gw. D. Densil Morgan, *Theologia Cambrensis: Protestant Religion and Theology in Wales, Volume 2 The Long Nineteenth Century, 1760–1900* (Cardiff: University of Wales Press, 2021), tt. 289–91.
2. H. Martensen, cyf. Saes. William Urwick, *Christian Dogmatics* (Edinburgh: T & T Clark, 1866), tt. 91–102.
3. Gw. D. Densil Morgan, *Lewis Edwards* (Caerdydd: Gwasg Prifysgol Cymru, 2009), tt. 145–50.
4. Yn ôl *Geiriadur Prifysgol Cymru*, ystyr 'tringarwch' yw tynerwch neu addfwynder, ac arferwyd y gair fwyaf yn nwyrain Sir Ddinbych a'r cyffiniau.
5. Gw. Lewis Edwards, *Hanes Duwinyddiaeth* (Wrecsam: Hughes a'i Fab [1889]), tt. xlii–l; am Ddiffiniad Chalcedon, gw. ymdriniaeth J. Alwyn Charles yn R. Tudur Jones (gol.), *Ffynonellau Hanes yr Eglwys 1: Y Cyfnod Cynnar* (Caerdydd: Gwasg Prifysgol Cymru, 1979), tt. 168–73.
6. Saunders Lewis, 'Homilïau Emrys ap Iwan', yn R. Geraint Gruffydd (gol.), *Meistri'r Canrifoedd: Ysgrifau ar Hanes Llenyddiaeth Gymraeg* (Caerdydd: Gwasg Prifysgol Cymru, 1973), tt. 377–86 [386].
7. Am y cyfeiriadau gw. Morgan, *Theologia Cambrensis: Volume 2, The Long Nineteenth Century*, tt. 292–7.

Pennod 4

Ufudd-dod ffydd, yr eglwys a'r sacramentau

Ffydd, gweithredoedd a phrofiad

Yn yr un modd ac roedd ufudd-dod Crist yn allweddol ar gyfer yr aberth iawnol, yn ôl Emrys roedd ufudd-dod y Cristion yr un mor angenrheidiol pe mynnai brofi'r iachawdwriaeth. 'Dyma'r gwirionedd y dymunwn ei argraffu arnaf fy hun ac arnoch chwithau', meddai, 'sef mai ufudd-dod ydyw crefydd o'r dechrau i'r diwedd' (*HII* 17, t. 277).

Ers canol y ganrif roedd Anghydffurfiaeth Cymru fel petai'n sgubo popeth o'i blaen. Roedd Cyfrifiad Crefyddol 1851 wedi dangos fod tri chwarter crefyddwyr Cymru yn addoli y tu allan i furiau yr eglwysi plwyf, mai'r Methodistiaid Calfinaidd oedd y corff Anghydffurfiol mwyaf niferus yn y wlad, gyda'r Annibynwyr yn dynn wrth eu sodlau, ac i'r diwygiadau, yn arbennig Diwygiad 1859, ddenu miloedd mwy eto o dröedigion i ymuniaethu â'r capeli.[1] Erbyn 1890 roedd bron i 400,000 o'r Cymry yn eu hystyried eu hunain yn Anghydffurfwyr o'u cymharu â 252,000 ddeng mlynedd ar hugain ynghynt a'r cwbl yn arwyddo cynnydd syfrdanol mewn amser mor gymharol fyr. Law yn llaw â hyn, fodd bynnag, tyfasai'r ymdeimlad fod safonau yn dirywio, fod argyhoeddiadau ysbrydol yn prinhau, fod duwioldeb yn llacio tra bod y llwyddiannau allanol llachar yn cuddio gwendidau mewnol difrifol. I Emrys, fel i Ddaniel Owen, ei gyfoeswr o Fethodist ym myd y nofel, roedd rhagrith cynyddol crefyddwyr proffesedig yn peri anesmwythyd mawr, a thra aeth y nofelydd ati i ddarlunio'r gwendidau hyn yn ddychanol gofiadwy yn *Hunangofiant Rhys Lewis, Gweinidog Bethel* (1885) ac yn fwy crafog fyth yn *Profedigaethau Enoc Huws* (1891), fflangellodd Emrys y pechodau hyn yn ddifloesgni o'i bulpud yng nghapeli di-sylw Dyffryn Clwyd. 'Y mae yn y capel hwn agos i ddau cant o broffeswyr', meddai unwaith, 'a mwy na hynny o wrandawyr, ond pa nifer sydd yma o weddïwyr?' (*P* 4, t. 49), tra bod ei draethiad llymdost, 'Cymru Gelwyddog' (1889), nid yn unig yn gofiadwy ond yn arswydus. 'Er y bûm i lawer gwaith yn taeru fod gennym iaith odidog', meddai, 'ni bûm i erioed yn euog o dradyrchafu cenedl y Cymry' (*HI* 20, tt. 296–7), a hynny oherwydd ei hanonestrwydd, ei bydolrwydd a'i thaeogrwydd moesol affwysol:

> Pa bryd y cawn y cyfryw ddiwygiad ag na faidd yr anghyfiawn ddim gweddïo amdano, rhag ofn cael ohono'i gymell i wneuthur cyfiawnder, ac na ddichon i'r oferwyr orfoleddu ynddo heb fwrw'i oferedd oddi wrtho? Y mae ofn na chawn ddim diwygiad gwirioneddol a dynn yr adflas sydd ar y byd cyhyd ag y bo cymaint o driagl a chyn lleied o halen yn ein pregethau. (Ibid., tt. 301–2)

Y rheidrwydd am ufudd-dod costus a fyddai'n halltu'r *Homilïau* dro ar ôl tro.

Doedd dim amheuaeth, fel y gwelsom, am ymlyniad Emrys wrth y Brotestaniaeth efengylaidd nag ychwaith wrth ei gwirionedd canolog ynghylch cyfiawnhad trwy ffydd ar sail aberth iawnol Crist dros bechodau'r byd. Ond roedd yr un mor ymwybodol fod gorbwyslais ar gredu yn gallu tanseilio'r angen am gyflawni gweithredoedd da, felly nid esgus dros ddiogi moesol oedd credu'n galonnog yng ngraslonrwydd rhad yr iachawdwriaeth. 'Onid trwy ffydd, ebr rhywun, y cyfiawnheir ac y bywheir dyn?' gofynnodd yn ei bregeth ar Hebreaid 5:7–9, testun sy'n sôn am aberth Crist. 'Ie, bid sicr', oedd ei ateb, 'ond dymunwn ddangos ar bwys y testun mai ufudd-dod yw ffydd ddiragrith, ufudd-dod ydyw enaid ffydd am mai marw yw hi hebddo' (*P* 8, t. 92). Er bod hanfod ffydd yn ymwneud ag ymddiried yng Nghrist, mae iddi wedd weithredol yn ogystal â gwedd oddefol:

> Y mae llawer o ddiwinyddion, gan garu eu gardd fach ddiwinyddol eu hunain yn fwy na maes eang Cristnogaeth, wedi peri niwed dirfawr i grefydd bur a dihalogedig trwy daeru yn nannedd yr Ysgrythur, mai ymddiried yn unig y mae dyn wrth gredu ac nid yw'n ymegnïo dim ei hun. Gwir na eilw'r Ysgrythur ffydd yn weithred am y rheswm syml ei bod hi'n rywbeth mwy na gweithred – y mae hi'n waith! (Ibid., t. 93)

Roedd ffydd heb weithredoedd yn farw. 'Yr unig fyw bucheddol yng ngolwg Duw' meddai, 'yw byw trwy ffydd, yr unig rodio union yw rhodio wrth ffydd ac ystyr rhodio wrth ffydd yw ufuddhau' (ibid., t. 94). Yna, wrth draethu ar Matthew 5:17–20 a'r angen ar i weithredoedd ei wrandawyr fod yn helaethach nag eiddo'r Phariseaid a'r ysgrifenyddion, meddai:

> Ni chyfiawnheir neb trwy weithredoedd y ddeddf. Gwir hynny, ond nid â neb i mewn i deyrnas nefoedd heb weithredoedd da, heb lawer o weithredoedd da, heb gyfiawnder helaeth, 'oni fydd eich cyfiawnder yn helaethach na'r Phariseaid'. (*P* 17, t. 197)

Ac nid pwyslais newydd oedd hwn, ond un a fu'n agos at ei galon ar hyd ei yrfa. 'A fynni di dy wneuthur yn lân?', oedd y cwestiwn yn ei bregeth ar Hosea 14:5–6 yn ail gyfrol yr *Homilïau*. 'Y mae ein tynged dragwyddol yn dibynnu ar ein hymatebiad i'r gofyniad yna', meddai, ac yn ôl ei olygydd, 'un ydyw hon o bregethau cyntaf ei weinidogaeth cyn dyfod ei arddull a'i orgraff i'w llawn dwf' (*HII* 5, tt. 81, 70). Mae'r bregeth ar Joshua 23:6, dyddiedig mor gynnar â 23 Awst 1876 (a ail-luniwyd ar 16 Tachwedd 1893) yn taro'r un nodyn yn union: 'Onid yw ein ffydd yng Nghrist yn cynnwys ufudd-dod i Grist, yna nid ydyw hi'n ffydd sy'n cadw canys ni thycia pwyso ar ei waith ddim oll heb ufuddhau i'w air' (*P* 5, t. 57). Prin, ysywaeth, y gwellodd sefyllfa crefydd wrth i'r blynyddoedd fynd yn eu blaen:

> Yr wyf yn credu mai ceisio bod yn gadwedig yn lle ceisio bod yn berffaith, mai ceisio maddeuant am bechod yn lle ceisio ymadael oddi wrth bechod, mai ymdroi gydag edifeirwch yn lle myned rhagddynt at gariad, mai edrych yn fwy ar y dechrau nag ar y diwedd yw cyfeiliornad mawr llawer o Gristnogion y dyddiau hyn ... Y mae yn wir y dylai dyn waeddi unwaith yn ei oes 'Pa beth a wnaf fel y byddwyf gadwedig?' ... ond y gofyniad ... 'Pa beth a wnaf i fod yn berffaith?' a ddylai fod yn ein genau yn wastadol. (*HI* 2, t. 34)

Eto, ar 25 Mai 1897, mynnodd fod 'y rhan fwyaf o grefyddwyr Cymru yn dueddol i synio am drefn gras yn hytrach fel trefn i faddau nag fel trefn i berffeithio' (*HI* 11, t. 168).

Roedd maddeuant pechodau, wrth reswm, wrth wraidd yr efengyl, ac yn ôl y ffydd efengylaidd roedd modd blasu'r maddeuant hwnnw yn syth wrth gredu yng Nghrist. 'Yn wir', meddai, 'y mae credu y nesaf peth i wneud dim. Ni raid i chwi chwilio am Dduw er mwyn bod yn gadwedig, y mae'n ddigon i chwi adael i Dduw gael hyd i chwi' (*HI* 9, t. 148). Dyna oedd hanfod y cyfiawnhad trwy ffydd, rhodd rhad Duw er iachawdwriaeth y credadun: '"Gwobr mawr (*sic*) iawn" yw Duw, a phechadur gwaglaw, heb fod ganddo ddim yng nghil ei ddwrn, a all ymaflyd ynddo' (*HII* 2, t. 34). Ond a olygai hynny nad oedd gan y credadun ran i'w chwarae yn y proses hwn?

Ufudd-dod ffydd, yr eglwys a'r sacramentau

Oedd, medd Emrys, nid o ran y cyfiawnder achubol ond yn sicr o ran y camau dilynol, sef y sancteiddhad. 'Duw', meddai,

> sy'n cyfiawnhau; efe yn unig a ddichon symud ymaith euogrwydd pechod, ond rhaid i ninnau gydweithio â Duw i symud ymaith lywodraeth a llygredd pechod, am hynny y mae Duw yn fynych yn gorchymyn i *ni* ymlanhau ac ymsancteiddio ond nid yw byth yn gorchymyn i ni ymgyfiawnhau. (*HI* 6, t. 97)

A'r alwad am sancteiddrwydd buchedd oedd ar goll yn llawer o'r grefydd boblogaidd gyfoes. 'Bai mawr y dosbarth efengylaidd neu'r Piwritaniaid', meddai wrth draethu ar Hebreaid 3:1,

> yw gwneuthur dechrau crefydd yn ddiwedd crefydd. Y mae yn fwy ganddynt hwy gael eu hargyhoeddi na'u hyfforddi a'u perffeithio. Ymroi y maent gydag edifeirwch a ffydd yn lle myned rhagddynt at berffeithrwydd, sef at gariad yr hyn yw rhwymyn perffeithrwydd ... Mynnent hwy weled diwygiad bob saith mlynedd, a chael eu hachub bob dydd am fod yn hyfryd ganddynt gael rhywbeth i'w cyffroi. (*HI* 14, t. 239)

Ond roedd gwir Gristnogaeth yn fwy na mater o gynnwrf teimladol na phrofiad llesmeiriol; heb godi croes ac ufudd-dod costus, heb yr alwad i ymsancteiddio, roedd y broffes grefyddol yn dwyllodrus ac yn wag:

> Yn lle byw i Grist, y mae'r [proffeswyr hyn] yn ei briodi drachefn a thrachefn, a hynny ... er mwyn y wledd briodas a'r miri priodasol, a chan eu bod o hyd yn eu gwisg briodas, y maent yn rhy fisi i gynnau tân, i ysgubo'r aelwyd, i ddarparu swper â'u dwylo eu hunain ac i fyned i agoryd y drws pan fo'u priod Iesu yn curo wrtho. Y maent fel colomennod, yn lân eu plu ond yn aflan eu tŷ. (Ibid., t. 240)

'Y mae'r pregethu efengylaidd, fel yr ydys yn ei alw', meddai eto yn ei bregeth ar y Gymru Gelwyddog, 'yn gogleisio yn rhyfedd y bobl y mae goglais arnynt, ac nid yw yn eu symbylu i adael eu pechodau ac i wneuthur eu dyletswyddau' (*HI* 20, t. 302). Am y crefyddwyr arwynebol hyn:

> Y maent yn rhy efengylaidd, neu ynteu yn rhy rywbeth, i *wneud* dim ond gorweddian yn ddioglyd ar ychydig o adnodau a fynega'r ffaith ddyfod Crist i'r byd i gadw pechaduriaid. A phan weddïant, ni ofynnant odid byth am nerth i ddweud y gwir, i beidio ag enllibio a chribddeilio a gorfeilio, ond yn unig i droi at Iesu Grist ac i bwyso ar yr iawn. (*P* 11, t. 123)

Mewn un darn o'i waith mae'n rhagweld yn drawiadol rybudd y diwinydd Dietrich Bonhoeffer ynghylch 'gras tsiêp' ymhlith crefyddwyr ffurfiol yr Almaen Lutheraidd hanner canrif yn ddiweddarach.[2] 'A ydyw'r gras addysgol hwn wrth eich bodd?', gofynnodd wrth draethu ar Titus 2:11–13,

> Os nad ydyw, y mae'n deg i mi hysbysu i chwi fod gan rai o'r diwinyddion ras mwynach ar werth, sef gras i'ch iachau heb eich disgyblu tan un. Y mae'n wir ni thâl hwn ddim erbyn tragwyddoldeb, ond y mae yn ras hyfryd tra pery efe. Y mae diwinyddion yn fwy grasol na gras Duw yng ngolwg crefyddwyr anianol, oblegid y mae gras y diwinyddion yn cosi tra mae gras Duw yn ffrewyllu. Os clywch chwi rywrai yn dywedyd fod iachawdwriaeth o ras heb ddywedyd hefyd ei bod hi *trwy* ddisgyblaeth, os dyweded rhywrai wrthych mai trefn i waredu pobl rhag uffern ac nid i'w gwared oddi wrth eu pechodau ydyw trefn gras, os sonia rhywrai wrthych fwy am gyfiawnhad trwy ffydd nag am gyfiawnhad trwy weithredoedd, fwy am ddedwyddwch y nef nag am ei glendid, ymogelwch rhag y cyfryw rai, canys

y mae'n well ganddynt eich gwneud yn hyfryd dros amser na'ch gwneud yn hyfryd dros byth. (*HII* 19, tt. 308–9)

Roedd gofyn i'r Cristion farw gyda Christ er mwyn atgyfodi gydag ef: 'Nid yw milwr da i Iesu Grist yn fodlon ar brofi grym ei atgyfodiad ef heb gael yn gyntaf gymdeithas ei ddioddefiadau ef, a chael ei gydffurfio â'i farwolaeth ef' (*Erthyglau III*, t. 177).

Wrth drafod yr hyn a eilw yn 'egwyddor ufudd-dod' yn Mathew 5: 17–20, mae Emrys yn rhybuddio eto: 'Mae lle i ofni nad â'r rhai sy'n fodlon myned i'r nefoedd rywsut ddim yno o gwbl' (*P* 17, t. 198), ond mae'n pwysleisio mai'r Duw sy'n hawlio yw'r un un â'r Duw sy'n caru a'r Duw sy'n rhoi: 'Pan deimlo dyn fod Duw yn ei garu, rhyddha'r cariad hwnnw ef, ac wrth ei ryddhau galluoga ef i ufuddhau' (ibid., t. 199). Er y gallai 'egwyddor ufudd-dod' fod yn heriol, mae ganddi ei chysuron arbennig ei hun:

> Y mae'r gorchymyn i fod yn berffaith yn orchymyn trwm, yn wir y mae'n fy llethu ar amserau. Er hynny da gennyf ddarfod i Dduw ei roddi am ei fod yn awgrymu y gallaf trwy nerth yr Hollalluog fod yn berffaith, yn berffaith fel y mae fy Nhad yn y nefoedd yn berffaith. (*HI* 2, t. 33)

Y gwir yw: 'Os ewyllysi fod yn berffaith, yna y mae holl nerth y Duwdod wrth dy wasanaeth' (ibid., t. 38).

Ac yna, wrth ddisgrifio castell mawreddog Heidelberg yn y bregeth ar Luc 21:6 a draddododd wrth agor capel newydd Rhuthun yn 1891, mae'n sôn am y pethau a fydd yn aros yn dragywydd:

> Hen gestyll cedyrn Cymru a'r cestyll simsan a adeiladwyd yn yr awyr, yr un diwedd a fydd iddynt. Y golygfeydd o ben yr Wyddfa a gweledigaethau'r Bardd Cwsg, cyd-ddarfyddant oll. Ufudd-dod, ufudd-dod cariad, hynny a bery yn dragywydd. (*HII* 13, t. 211)

'Hwyrach y tybia rhywun mai crefydd fach ac isel yw'r grefydd sydd yn gynwysedig mewn ymostyngiad i ewyllys Duw', meddai wrth draethu ar Mathew 26:42 yn Ionawr 1897. 'Yr wyf fi yn ei chyfrif yn grefydd fawr ac uchel iawn' (*HII* 7, t. 113). I Emrys, roedd ufudd-dod ffydd wrth wraidd gwirionedd yr efengyl.

Ac yntau'n rhoi mawr bwys ar ufudd-dod ffydd, ni fyddai Emrys fyth yn esgeuluso'r ddyletswydd ar i'w wrandawyr ymateb i her ei neges. Gallai fod yn ddigyfaddawd wrth alw pechaduriaid i edifeirwch. 'Y chwi lanciau anystyriol' (*HII* 14, t. 232) meddai unwaith, daeth yr amser i chi droi at yr Arglwydd, a'r un oedd yr apêl i'r rhai hŷn: 'Chwychwi hynafgwyr sy'n gwyro tua'r bedd' (*HII* 3, t. 48), gwnewch yn siŵr eich bod wedi ymddiried yn Nuw. Ofer fyddai pob proffes wag: 'Y chwi sydd heb gredu iddo mewn dim i bwrpas ... Yr ydych yn dywedyd ar broffes, o leiaf, fod gennych ffydd, ond pa le y mae'r arwyddion gweledig ohoni?' (*HII* 14, t. 233). 'Bechadur', meddai wrth gloi ei bregeth ar y ddau win yn Luc 5:39,

> Oni chymeraist ti eisoes fwy na digon a amser i ystyried ac a wyt ti eto heb ateb? Po fwyaf yr wyt yn ymlynu wrth yr hen ddyn, tynnaf oll y mae ef yn ymlynu am dy enaid. (*HII* 9, t. 147)

'Heddiw', meddai wrth ei gynulleidfa tra yn traethu ar Ioan 8:46 ym mis Awst 1890,

> os gwrandewch ar ei leferydd ef na chaledwch eich calonnau. Mi wn ei fod yn fwy anodd i chwi gredu heddiw nag ydoedd ddoe. Credwch er hynny, oblegid hi a fydd yn fwy anodd fyth yfory. (*HII* 14, t. 238)

Nid peth dibwys oedd clywed apêl yr efengyl; roedd tynged dragwyddol ei wrandawyr yn dibynnu ar natur eu hymateb. 'Ni all neb ddywedyd ei fod yn rhy ieuanc', meddai wrth esbonio geiriau Paul wrth Timotheus yn Rhagfyr 1902, 'ni all neb ddywedyd ei fod yn rhy hurt, ni all neb ddywedyd ei fod yn rhy brysur i ddeall cenadwri fawr Duw at ddyn' (*HII* 18, t. 293). Nid traethodau i ddiddanu neu ddiddori ei ddarllenwyr oedd ei bregethau ond apeliadau difrifol a thaer. 'Fy nghyd-bechadur tlawd', meddai wrth draethu ar gyfiawnder Duw a'i drugaredd, 'yr wyt tithau hyd yn hyn ar y ddaear. A gaiff yr Arglwydd wneuthur trugaredd â thi?' (*HII* 4, tt. 68–9). Dyna'r nodyn a gafodd ei daro'n barhaus.

Er bod gofyn i bawb droi at Dduw i gael ei achub, nid oedd rhaid i dröedigaeth neb fod yn un lachar, nac i brofiad yr ailenedigaeth ddigwydd mewn munud awr. Gallai fod yn gwbl ddigynnwrf, yn fwy o broses nag o greisis ac yn amddifad o ddrama o fath yn y byd. Wrth drafod galwad Eseia, mae'n cyfeirio at le profiad yng nghrefydd ei wrandawyr:

> Nid wyf yn dywedyd y rhaid i bob dyn weled ar unwaith ac yn ddisymwth y cwbl a'r sydd i'w weled nes peri iddo lefain allan 'Gwae fi, darfu amdanaf', ond yr wyf yn dywedyd y rhaid i bob dyn weled yn raddol os nad yn ddisymwth, a theimlo yn ddwys os nad yn gyffrous. (*HI* 6, t. 95)

O ran y sawl a aned i deuluoedd duwiol, yn amlach na pheidio byddent wedi *darganfod* eu bod yn credu:

> Ynddynt hwy y mae duwioldeb yn cyd-dyfu â'u crefyddolder, a hynny yw'r achos paham na wyddys pa bryd yr aethant yn dduwiol. Y mae plant crefyddol yn ymlithro i fod yn dduwiol yn ddiarwybod iddynt hwy eu hunain ac i bawb eraill. (*HI* 17, t. 256)

Diau bod hyn yn ddrych o'i brofiad ef ei hun. 'Ystyriwch pa beth a'ch dug chwi eich hunain gyntaf at Grist', meddai wrth drafod gwaith y disgyblion yn rhwystro rhai bach rhag dod at Iesu yn Marc 10:13–16:

> Nid cyngor na phregeth ysgatfydd, ond dylanwad dirgel, araf bywyd diargyhoedd ... Gwelsoch rai o nodau'r athro ar y disgybl, ac wrth ddilyn y disgybl daethoch at yr Athro. (*P* 15, t. 168)

'Gwybodaeth o'r efengyl wedi ei chyd-dymheru â ffydd sy'n achub', meddai. 'Gofalwch chwi am y coed; gofala Duw am y tân' (*HI* 17, t. 261).

Ond eto, ni allai neb osgoi'r alwad i gredu yn bersonol, i gymryd y cam dirfodol i arddel Cristnogaeth fel peth real a byw. Roedd i ffydd yn yr ystyr Brotestannaidd dair elfen: *notitia*, sef deall y ffeithiau ynghylch bodolaeth Duw, pechod dyn a chyfryngdod Crist fel Arglwydd a Gwaredwr; *assensus*, neu ymfodloni i ymrwymo wrth y gwirioneddau hynny, ac yna *fiducia*, sef ymaflyd yng Nghrist a'i arddel o ran profiad. 'Y mae gwybod yn ystyr efengylaidd y gair', meddai Emrys, 'yn dynodi mwy na gweithred y meddwl. Yn ôl hwn, nid canfod ac amgyffred y gwirionedd ydym, eithr yn hytrach ei deimlo yn ein calon' (*HI* 13, t. 200). Er mwyn bod yn rym achubol, roedd gofyn i'r efengyl ymwreiddio nid yn unig ym meddwl yr unigolyn ond yn ei galon ac yn ei deimlad hefyd, ac unwaith i hyn ddigwydd, byddai'n blysio i wybod mwy:

> Y mae pob un a gafodd iachawdwriaeth yn *mynnu* gwybod, mewn byr amser, gryn lawer am drefn yr iachawdwriaeth honno, o'i chyhoeddiad yn Eden hyd ei gorffeniad yn y Dydd Diwethaf. (*HI* 16, t. 249)

Ond roedd hyn eto yn gofyn grym ewyllys. 'Cyn y gellir blysio'r gwin newydd', meddai, 'rhaid i ti farwhau yr hen ddyn a gadael i Dduw greu dyn newydd ynot. Gyda'r dyn newydd gei di chwaeth newydd fel y bydd y gwin newydd yn win melys gennyt' (*HII* 9, t. 147). A'r cam tyngedfennol oedd nid awr angau ond moment y credu. 'Yr ymuniad â Mab Duw ac nid gwahaniad y corff a'r enaid yn angau sy'n peri cyfnewidiad mawr mewn dyn', meddai. 'Awr y credu ac nid awr marwolaeth ydyw'r awr benderfynol yn ei hanes' (*HI* 24, t. 364). Ond mater o ufudd-dod yw'r credu hwnnw hefyd:

> Gostyngeiddrwydd yw Alffa ac Omega gwir grefydd. Pan yw'n credu am y tro cyntaf, rhaid i'r pechadur ynom ymostwng i gyfiawnder Duw. Mae'r porth i gychwyn yn un cyfyng. A rhaid parhau yn ostyngedig i rodio gyda Duw. (*P* 16, t. 177).

Athrawiaeth Emrys am yr eglwys

Methodist Calfinaidd teyrngar oedd Emrys fel y gwelsom, heb unrhyw awydd i fod yn ddim byd arall, ac er gwaethaf ei feirniadaeth ysbeidiol o'i gyfundeb, bu'n gwbl ffyddlon iddi ar hyd ei oes. Yn wir, ar brydiau gallai fod yn bur ganmoliaethus ohoni. Yn ei ysgrif ar 'Yr Eglwys a Difyrrwch yr Oes' dywedodd: 'Nid wyf fi'n sectol o gwbl, ond mae'n naturiol imi ddymuno i'r Methodistiaid barhau i fod y cyfundeb cryfaf yng Nghymru yn unig am fy mod wedi fy magu ynddi' (*Erthyglau III*, t. 61). Am yn hir ar ôl ymwahanu oddi wrth Eglwys Loegr yn 1811, o ran eu heglwysyddiaeth bu'r Methodistiaid mewn tir neb. Nid oeddent mwyach yn esgobaethwyr yn arddel y weinidogaeth driphlyg o esgob, offeiriad a diacon, ac yn wahanol i'r Hen Ymneilltuwyr, yr Annibynwyr a'r Bedyddwyr, nid oeddent yn gynulleidfaolwyr ychwaith. Lewis Edwards yn anad neb a ffurfiolodd eu heglwysyddiaeth, trwy eu tynnu i mewn i'r gorlan Bresbyteraidd wedi iddo eistedd wrth draed Thomas Chalmers, prif ddiwinydd Eglwys yr Alban, pan yn fyfyriwr yng Nghaeredin yn y 1830au.[3] Ef a droes bresbyteriaeth anymwybodol a phragmatig Howell Harris yn egwyddor sefydlog a pharhaol.

Er gwaethaf ei ymlyniad enwadol diffuant, roedd sectyddiaeth gulfarn yn un o gasbethau Emrys. 'O bob culni', meddai, 'culni Protestannaidd ydyw'r un mwyaf anghyson ac annioddefol' (*HII* 21, t. 340). 'Nid wyf fi ddim yn hen', meddai wrth fwrw golwg yn ôl ar y datblygiadau cyfoes, 'ond yr wyf wedi laru ar yr ysbryd sectol sy'n crebachu'r Cymry, yn wladol ac yn grefyddol' (*HII* 14, tt. 244–5). Roedd y gyfres ysgrifau 'Breuddwyd Pabydd wrth ei Ewyllys' (1890–2) yn brotest huawdl yn erbyn y culni hwn, ac mae'r *Homilïau* yn frith o sylwadau sy'n enghreifftio ehangder meddyliol iachus. 'Bobl ieuainc', meddai Emrys yn ei bregeth enwog 'Y Ddysg Newydd a'r Hen',

> Gellwch synied fel y mynnoch o'm rhan i am oed y byd ac am y dull a'r modd y daeth efe a'i drigolion i fod, ond daliwch yn dynn yn y gwirionedd hwn, sef mai Duw a wnaeth y byd a phob peth a'r sydd ynddo, canys os anghredwch hyn byddwch ar lithrigfa nad oes ddim pen draw iddo. (*HI* 3, tt. 48–9)

Mewn oes a oedd yn nodedig am ei rhagfarnau gwrth-Gatholig, gallai ddweud yn eofn: 'Diau fod i Grist ddefaid eraill, ie, llawer nad ydynt o'r gorlan Brotestannaidd. Y mae llawer o Babyddion yn etholedigion Duw er gwaethaf eu Pabyddiaeth' (*P* 15, t. 166). Ffydd yng Nghrist fel Arglwydd a Gwaredwr oedd unig amod cadwedigaeth, nid p'un ai bod Cristnogion mewn cymdeithas ag Esgob Rhufain ai peidio. 'Ceisiwch y gwirionedd ymhob man', oedd ei anogaeth i ieuenctid ei eglwysi, 'ac os cewch chwi hyd iddo yn Eglwys Rufain, Eglwys Loegr, ymhlith y Bedyddwyr neu'r Wesleaid, derbyniwch ef yn llawen' (*HII* 21, t. 340). Roedd gwirionedd yr efengyl yn ehangach nag enwad a sect, a'r eglwys Gristnogol yn gatholig yng ngwir ystyr y gair. Gan adleisio fformiwla Finsent o Lérins, y diwinydd o'r drydedd ganrif, *quod ubique, semper et ab omnibus*, mai'r hyn a gredwyd 'ymhobman, bob amser a chan bawb' oedd yn wir, meddai Emrys: 'Yr ydwyf yn rhoi llawer o bwys ar grediniaethau sydd ar unwaith yn hen ac yn gyffredinol, oherwydd y rheini fel rheol sy'n grediniaethau cywir' (ibid., t. 344). Ac yntau'n Fethodist ffyddlon ac yn

Brotestant diysgog, Cristion catholig oedd Emrys ap Iwan yn anad dim arall.

O dan bennawd 'Eglwysyddiaeth', mae'n arferol sôn am drefn eglwysig, gofal bugeiliol a disgyblaeth, pregethu'r Gair, a gweinidogaeth y sacramentau sef bedydd a Swper yr Arglwydd, ac yn ei weithiau mae Emrys yn rhoi sylw i bob un o'r themâu hyn. Er bod gofyn i bob un ymateb yn bersonol i apêl yr efengyl, gwyddai nad oedd dim modd i neb (yn arferol, beth bynnag) fod yn Gristion ar wahân i gymdeithas Gristnogol ac y tu allan iddi. 'Nid da bod dyn ei hunan yng ngwinllan Crist', meddai wrth draethu ar y wraig wrth Ffynnon Jacob yn Ioan 4:23–4, 'mwy nag yng Ngardd Eden' (*HI* 7, t. 108). 'Yn yr eglwys a thrwy'r eglwys yr ordeiniodd Duw berffeithio'i bobl yn ŵr perffaith at fesur oedran cyflawnder Crist' (*P* 12, t. 133). Nid bod yr eglwys yn berffaith na bod ei haelodau yn saint difrycheulyd o bell ffordd, ond oddi mewn i'w cymdeithas nhw y byddai'r efengyl yn cael ei phregethu a'r Ysbryd yn cael cyfle i wneud ei waith sancteiddiol. Ceryddodd Emrys y T. Gwynn Jones ifanc unwaith am gadw draw o'r capel am na allai ddygymod â rhagrith ei aelodau:

> Diau bod dyn hael ei ysbryd yn gweled ac yn clywed llawer o bethau mewn cylchoedd crefyddol y mae yn anhawdd dygymod â hwynt; ond hyd y gwelais i na all dyn ymbellhau oddi wrth grefyddwyr er eu saled heb wneud cam ag ef ei hun neu ag arall.[4]

Nid ateg dewisol i ffydd bersonol oedd yr eglwys ond rhan o fwriad Duw er mwyn diriaethu'i bresenoldeb oddi mewn i'r byd. 'Pan beidia'r disgyblion â bod yn gymdeithas', meddai, 'hwy a beidiant â bod yn ddisgyblion' (*P* 12, t. 132). Mae cymdeithas eglwysig yn angenrheidiol ar gyfer profi cyflawnder yr iachawdwriaeth:

> Os oes i ni gymdeithas a'r Tad ac â'i Fab ef, Iesu Grist, y mae i ni gymdeithas a'n gilydd hefyd, ac os ydym oll yn

gyfrannog o ysbryd ein Pen a Thywysog ein ffydd, y mae'r
ysbryd hwnnw yn ein cyfuno yn un corff. (*HI* 7, t. 109)

Yn ôl pob tystiolaeth, roedd Emrys yn fugail cydwybodol
a gofalus. 'Gŵyr y rhai a'i hadwaenent', meddai Ezra Roberts,
blaenor yn y Tabernacl, Rhuthun, a golygydd yr *Homilïau*, 'fod un
homili fawr na ellid ei hargraffu gyda'r rhai hyn . . . a honno yw
homili ei fywyd' (*HII*, t. xv), ac fel y dengys Pennod 10 o'r *Cofiant*
lle darluniodd Gwynn Jones y blynyddoedd y bu'n gofalu am
eglwysi Rhuthun, Trefnant a'r Rhewl, cyfrannodd drylwyredd
bugeiliol Emrys at sefydlu'r farn hon. 'Addysg plant', meddai
wrth gynghori gweinidog ifanc ar ddechrau'i yrfa,

> yn fy meddwl i yw gwaith pwysicaf bugail, am mai trwy eu
> haddysgu hwy y gall yn raddol newid gwedd yr eglwys. Yr
> Ysbryd Glân yn unig a fedr newid hen bobl, ond fe all dyn,
> heb yr Ysbryd, wneud rhyw drefn ar blant. Heblaw hynny,
> hyd y gwelais i, trwy ddylanwadu ar y plant y gall bugail
> orau ddylanwadu ar eu rhieni.[5]

Ac mae digon o brawf mai dyna yn union a wnaeth. Wrth
draethu ar 'Ffydd Emrys ap Iwan' yn 1983, meddai R. Tudur
Jones, yntau'n frodor o'r Rhyl ar waelod Dyffryn Clwyd:

> Gwyddwn am Emrys ap Iwan cyn imi erioed ddarllen gair a
> ysgrifennodd. Yr oedd y bobl a fwynhaodd ei weinidogaeth
> yn cadw'r cof amdano'n iraidd. Clywais rai'n adrodd am y
> drafferth fawr a gymerai wrth hyfforddi plant a'i amynedd
> yn diwyllio ei gynulleidfa. A'r darlun a argraffwyd ar fy
> meddwl oedd mai gŵr hynaws a charedig oedd.[6]

Felly hefyd y cofnododd yr addysgwraig Menai Williams yn
1988, un a fu pan yn ifanc yn byw yn y mans yn y Rhewl lle
treuliodd Emrys chwe blynedd olaf ei fywyd, ac a gasglodd
atgofion hynafgwyr yr ardal amdano. 'Pan oeddwn blentyn',

meddai, '[cefais] gyfle i wrando ar yr hyn a adroddid yn fynych ac yn hiraethus am y Parchedig Ambrose Jones,'⁷ ac yn groes i'r argraff a geir yn rhai o'i bregethau mai un llym a ffyrnig ydoedd, nid felly oedd y gwir o gwbl, o ran ei ymwneud â'i bobl beth bynnag. 'Plant yn ofni Ambrose?', meddai un o'i gydnabod gynt,

> Choelia'i fawr! Roedd o'r mwyaf diniwed o ddynion, a'r anwylaf hefyd. Yn aml iawn ar fore Sul fe welid plant o'i gwmpas yn cydio yn ei goesau, ac fe fyddai ganddo felysion yn ei boced i'w rhannu iddyn nhw bob amser.⁸

Ategwyd hynny gan y Parchg John Owen, gweinidog y Tabernacl, Rhuthun, wrth holi aelodau oedrannus ei gynulleidfa ddiwedd y 1970au. Tystiolaeth unfryd y to hŷn oedd mai cymeriad siriol oedd 'Mr Ambrose Jones' – felly y cyfeiriwyd ato bob tro – 'yr hen lanc joli, caredig, hwyliog, ffraeth, yr ymwelydd cyson a'r athro trylwyr'.⁹

Er gwaethaf ei gydwybodolrwydd a'i sêl eithriadol ynghylch sancteiddrwydd buchedd, roedd Emrys yn ddigon o realydd i ddeall na allai Methodistiaid Calfinaidd ddiwedd Oes Victoria ymagweddu, o ran disgyblaeth, fel y gwnaethant dri chwarter canrif ynghynt. Roedd diwylliant cyffredinol wedi ehangu, roedd gwybodaeth wedi cynyddu a'r syniad o hawliau'r unigolyn wedi ymwreiddio'n ddwfn ym meddyliau'r werin: 'Erbyn hyn mae penaethiaid y sect fanylaf yn ein plith yn credu ac yn gwneuthur llawer o bethau a fuasai'n peri dychryn i'w teidiau' (*Erthyglau III*, t. 60). Does ond rhaid darllen nofelau ei gyfoeswr Daniel Owen i weld fel y troes y cysyniad o ddisgyblaeth eglwysig yn broblematig rhwng dyddiau Mari Lewis a chenhedlaeth Bob, ei mab, a rhwng cyfnod Abel Hughes yn *Rhys Lewis* ac eiddo Capten Trefor yn *Enoc Huws*.¹⁰ Ac ar un wedd, roedd Emrys yn syndod o gysurus gyda'r datblygiad hwn. Nid cadw yn ddifrycheulyd oddi wrth y byd oedd y nod mwyach, ond meithrin tystiolaeth effeithiol mewn gwlad a oedd wedi ei Christioneiddio'n drwyadl o ran ei phroffes gyhoeddus. Roedd hi'n wir mai '[c]ynulleidfa o saint a ddylai eglwys fod', ond y ffordd fwyaf effeithiol o sicrhau hynny oedd nid trwy gosbi troseddwyr ond trwy hyfforddi darpar aelodau yn drwyadl a'u meithrin yn ofalus wedyn:

> Os mynnwn gael eglwysi glân a ffrwythlon ac ar yr un pryd arbed i ni'n hunain y gwaith annymunol o fwrw allan aelodau diffrwyth, gofalwn fod yr aelodau ar braw yn aelodau profedig mewn gwirionedd, cyn cael eu cydnabod yn aelodau cyflawn. (Ibid., t. 38)

Ar un olwg roedd y Methodistiaid Calfinaidd yn eglwys genedlaethol bellach, ac ni ellid disgwyl iddi ymagweddu fel sect. Fel y bu'n rhaid i Foses oddef llawer amherffeithrwydd yn ymarweddiad plant Israel adeg yr Ecsodus o'r Aifft tra caniataodd yr Arglwydd Iesu ysgariad o dan rai amodau, felly roedd 'yn rhaid goddef rhai pethau drwg oherwydd caledrwydd calonnau dynion' (ibid., t. 58). Mewn disgyblaeth eglwysig, y peth olaf y dylid anelu ato yw ysgymuno aelodau. 'Am ddiarddeliad', meddai, 'nid disgyblaeth ydyw hynny, eithr gweithred sy'n bwrw dyn allan o gylch disgyblaeth' (ibid.). 'Prin y gellir galw ysgymundod yn ddisgyblaeth', meddai eto yn ei bregeth 'Disgyblaeth Eglwysig' sy'n seiliedig ar ddameg yr efrau a'r gwenith yn Matthew 13, 'am ein bod trwy ysgymuno dynion yn eu bwrw allan o gylch disgyblaeth' (*HI* 21, t. 316).

> Gan fod gwraidd yr efrau a gwraidd y gwenith wedi cydymblethu, gan fod llinynnau perthynas a chyfeillgarwch yn cydio'r da a'r drwg ynghyd, ni allwn daro'r euog heb glwyfo amryw o rai diniwed ... Ysbryd Phariseaidd ac anghariadus sy'n ein cynhyrfu i fod yn llymach wrth eraill nag ydym wrthym ein hunain. Oni ddylai'r fath ysbryd a hwn beri inni ofni mai efrau, plant y drwg, ŷm ein hunain? (Ibid., tt. 318, 319)

Ufudd-dod ffydd, yr eglwys a'r sacramentau

Cadw pobl oddi mewn i gylch disgyblaeth oedd yr amcan, a thrwy athrawiaethu, argyhoeddi, ceryddu a hyfforddi mewn cyfiawnder y gellid gwneud hynny orau:

> Am annuwioldeb ac nid am weithred ddrwg y dylid diarddel dyn, ac nid yw'n rhesymol i ni fwrw neb allan o'r eglwys os ydym yn credu ei fod mewn undeb â Phen yr eglwys. (*Erthyglau III*, t. 60)

Ar ben hynny, ac yntau'n foesolwr mor drwyadl, gwyddai Emrys na ellid ymgyrraedd at wir sancteiddrwydd heb fod hynny yn cael ei dymheru â gras. 'Rhaid i mi gan hynny addef fy mod er ys talm bellach yn credu', meddai, 'bod eglwys lawn o gydymdeimlad yn bwysicach ... nag eglwys lân' (ibid., tt. 57–8). Onid oedd llawer o ragrith ynghlwm wrth yr hen awydd i gosbi pechaduriaid?

> A glywsoch chwi sôn rywbryd ddarfod i'r Methodistiaid yn rhywle ddisgyblu dyn cyfoethog am ei fod yn angharedig, neu ddyn tlawd am ei fod yn anniolchgar? Ac er hynny yr ydys yn enwi angharedigrwydd ac anniolchgarwch ymhlith y pechodau mawr. (*HI* 13, t. 193)

Hyd yn oed yn y genhedlaeth gynt roedd rhai pechodau yn fwy derbyniol na'i gilydd ac yn sgil hynny cafodd llawer Cristion gwanllyd a chloff gam enbyd ar law ei gyd-aelodau;

> Gan eglwys bur y mae hawl i ddisgyblu ... A oes gan y cybyddion sydd mewn eglwys hawl i geryddu'r neb a feddwo unwaith yn y mis? A oes gan y rhai sy'n casáu ei gilydd ar hyd y blynyddoedd hawl i godi eu llaw yn erbyn y neb a garo'n anianol ac yn afreolaidd unwaith mewn oes? (*Erthyglau III*, t. 63)

Er y gallai fod yn ffyrnig yn ei bulpud wrth geryddu pechodau, gras a thynerwch sy'n nodweddu'r *Homilïau* bron yn ddieithriad, ac yn sicr dyna gryfder ei effeithiolrwydd fel bugail. Yn dilyn misoedd trylwyr o baratoi, arfer Emrys wrth dderbyn ieuenctid yn gyflawn aelodau oedd rhoi iddynt 'gopi cryf o'r Beibl a chopi o'r Gyffes Ffydd a'r Llyfr Emynau hefyd' (ibid., t. 45):

> Yr wyf yn barnu y byddai'n fuddiol i'r ymgeiswyr gydadrodd y pethau canlynol wrth gael eu derbyn ... Gweddi'r Arglwydd; y weddi foreol o'r Drydedd Salm; y weddi hwyrol o'r Bedwaredd Salm; y Deg Gorchymyn; y ddau orchymyn mawr: 'Câr yr Arglwydd dy Dduw a'th holl galon a'th gymydog fel ti dy hun'; Credo'r Apostolion yn ei ddull cyntefig; y Gwynfydau; hanner olaf I Corinthiaid 11 ac atebion oddi ar yr adnodau hynny, ac yna y Weddi Apostolaidd. (Ibid., tt. 43-4)

Roedd gofyn cryn ymroddiad cyn i ymgeiswyr gael eu derbyn yn aelodau cymwys yn eglwysi Emrys ap Iwan.

Ynghyd ag arwain a bugeilio, pregethu a gweinyddu'r sacramentau oedd prif ddyletswydd gweinidog. Gwelsom eisoes gymaint o ofal a roes Emrys wrth baratoi ar gyfer y pulpud, a gwnaeth hynny am fod ganddo syniad clir ynghylch amcan pregethu. Roedd Duw wedi'i ddatguddio'i hunan yn y Gair, a phwrpas y gennad oedd cyhoeddi hynny gerbron y byd. 'Efengylu', meddai, 'ac nid athrawiaethu, cyhoeddi'r newyddion da o lawenydd mawr ac nid eu hesbonio ydyw gwaith cyntaf pregethwr yn y wlad hon' (*HII* 18, t. 292). Wrth draethu ar ymadrodd Paul ar 'ffolineb pregethu' yn I Corinthiaid 1:21, meddai:

> Nid oes gan un dyn hawl i bregethu yn gall. Nid yw enaid Duw yn ymfodloni mewn pregethwr call ... Dynion a feiddiodd sarhau'r byd trwy bregethu ffolineb iddo yw'r dynion a gododd Duw yn bregethwyr. Y mae nerth yr efengyl

yn ei ffolineb; y mae ei holl neilltuolion hi yn y pethau y mae'r byd yn eu cyfrif yn ynfyd. (*HI* 9, t. 142)

'Y mae'r efengyl', meddai wedyn, 'yn ei bôn yn gynwysedig mewn un ymadrodd: yr ymadrodd am y groes' (ibid., t. 143). Traethu'r cariad achubol oedd cyfrifoldeb cyntaf y pregethwr, ond er mwyn i'r neges honno fod yn effeithiol, roedd rhaid i'r gwrandawyr fod yn ymwybodol o'u hangen:

> Fel rheol, y rhai sydd wedi eu hargyhoeddi trwy brofiad chwerw eu bod yn rhy wan i achub eu hunain a achubir gan yr Arglwydd … Bywyd i feirwon, meddyginiaeth i gleifion, rhyddid i gaethion, gorffwyso i rai wedi blino ydyw iachawdwriaeth Crist. Ni all hi ddim fod yn iachawdwriaeth i neb amgen. (*HII* 6, tt. 90, 91)

Dyna ragdybiaeth pregethu yr Arglwydd Iesu:

> Onid oedd wiw iddo bregethu cyfiawnder cyn dechrau pregethu gras canys pa les sôn am ras wrth ddynion oni theimlant eu hangen amdano? A pha fodd y dygir hwy i deimlo'u hangen am ras cyn eu dwyn i weled holl sancteiddrwydd y gyfraith a droseddasant? (*P* 17, t. 190)

Roedd lle, felly, i bregethu'r ddeddf fel paratoad at gyhoeddi'r efengyl, a dyna ddyletswydd cyntaf y pregethwr cydwybodol. Ond gwyddai Emrys fod y Beibl yn cynnwys mwy na'r neges efengylaidd; roedd ynddo ddysgeidiaeth foesegol a chyfarwyddiadau ymarferol, a thasg y pregethwr oedd cynghori ei wrandawyr ynghylch sut i fyw. Wrth draethu ar arwyddocâd crefyddol yr iaith Gymraeg, meddai:

> Nid wyf yn meddwl fy mod, wrth ddywedyd y pethau hyn, yn pregethu'r efengyl, yn ystyr cyfyngaf y gair, ond yr wyf yn meddwl y gallwn brofi, pe bai raid, fy mod yn pregethu'r

Gair. Y mae gorchymyn, sef Gair Duw, yn dra eang, ac y mae'r gair eang hwnnw yn cynnwys y ffaith hon, sef mai'r un Duw a roes ei Fab i gadw'r byd a roes iaith gyfaddas i bob cenedl i sôn am y Mab hwnnw, ac i deimlo wrth glywed sôn amdano. (*HII* 10, t. 155)

Ond mwy am hynny yn y bennod nesaf.

Y sacramentau: bedydd a'r cymun

Er bod Emrys yn Fethodist trwyadl, does fawr o arwydd iddo ymlynu'n agos at y cysyniad Calfinaidd ynghylch bedydd, sef bod y weithred o daenu dŵr yn enw'r Tad a'r Mab a'r Ysbryd Glân yn sêl fod plentyn wedi'i fabwysiadu i mewn i'r cyfamod ac felly yn etifedd addewidion yr efengyl. Er yn ymwybodol o bwysigrwydd crefydd deuluol, prin oedd ei ymwybyddiaeth sacramentaidd. Cyflwyno plant i ofal yr eglwys oedd pwrpas bedydd iddo, yn hytrach na selio'r addewid am freintiau etholedigaeth. Ac, at ei gilydd, roedd y nodyn cyfamodol hefyd yn brin. 'Rhoes Grist fri mawr ar blant rhieni crediniol ym mhob oes', meddai wrth draethu ar Iesu yn bendithio plant bychan yn Marc 10. 'Dangosodd yn amlwg ei barodrwydd i dderbyn pob plentyn a gyflwynir iddo mewn ffydd' (*P* 15, t. 164). Yr un nodyn sy'n cael ei daro yn ei anerchiadau wrth i blant gael eu cyflwyno ar gyfer bedydd:

> Ni ddywedir i'r Iesu fedyddio plant bychain, ond fe ddywedir iddo'u bendithio, ac y mae maddeuant, ail-eni a sancteiddrwydd – y mae bywyd tragwyddol yn ei fendith ef. Os ydym yn ddeiliaid gras, paham na allwn fod yn ddeiliaid bedydd hefyd? Y mae eu bod yn blant yn hytrach yn eu cymhwyso nag yn eu hanghymhwyso i fod yn etifeddion bywyd tragwyddol. (*Erthyglau III*, tt. 95–6)

Ufudd-dod ffydd, yr eglwys a'r sacramentau

Er nad yw hyn ymhell oddi wrth yr argyhoeddiad cyfamodol, nid yw'n union yr un peth ag ef ychwaith a does dim sôn am y taenellu yn enw'r Drindod: 'Os ydych chwi trwy fedyddio'ch plentyn yn ei gyflwyno i Grist, yna y mae Crist yn edrych yn fodlon ar y bedydd' (ibid., t. 96). Yr agosaf y daw Emrys at yr athrawiaeth Ddiwygiedig am fedydd yw'r homili gyfoethog ar II Timotheus 1:3–5 lle mae Paul yn sôn am y ffydd deuluol sy'n clymu ynghyd Lois y nain, Eunice y fam a Timotheus y mab:

> Pe dywedwn fod plant yn etifeddu duwioldeb eu rhieni trwy waed, cyfeiliorni a wnawn am fod Ioan yn dywedyd am y rhai a wnaed yn feibion i Dduw, na anent hwy o waed nac o ewyllys y cnawd nac o ewyllys gŵr eithr o Dduw. Ond wrth ddywedyd fod plant, fel rheol, yn etifeddu *crefydd* trwy waed, yr wyf yn dywedyd peth y mae'r Beibl a natur, hanes a phrofiad, yn cyd-dystiolaethu ei fod yn wirionedd. (*HI* 17, t. 255)

Crefydd, felly, yw'r plisgyn allanol: defodau, arferion defosiynol, gwybodaeth feiblaidd ac yn y blaen, tra mai ffrwyth argyhoeddiad mewnol yw duwioldeb a ddaw trwy gyffyrddiad uniongyrchol yr Ysbryd Glân. A'i gyngor i rieni oedd: 'Os mynnwch i'ch plant gael eu troi a'u gwneuthur yn dduwiol, gofalwch ar eu bod yn cael eu geni a'u magu yn grefyddol' (ibid., t. 257). Ac yna, wrth annerch ei gynulleidfa meddai:

> Chwychwi hiliogaeth y saint, cedwch y ffydd am mai hyhi yw hen ffydd y teulu, y ffydd y buost byw trwyddi a'r ffydd y buont farw ynddi. Glynwch wrth eich Duw canys hwn oedd Duw eich tadau, Duw eich mam a Duw eich nain. O! Y byddai'n resyn i chwi gefnu ar Dduw a oedd mor annwyl ganddynt hwy ... Y mae'n hyfryd gan yr Arglwydd fod yn Dduw i deulu cyfan a pharhau yn Dduw iddo o oes i oes. (Ibid., tt. 263–4).

Mae'n amlwg fod gan Emrys ddealltwriaeth gymunedol o ffydd, nid unigolyddiaeth noeth mohoni, er bod galw ar i bawb a faged yn grefyddol feddiannu'r ffydd drosto ef neu hi ei hun, a bod y naill genhedlaeth ar ôl y llall yn cael eu clymu ynghyd oddi mewn i'r gymuned hon. Ond ni ddywed ddim oll yn y bregeth hon (nac mewn unrhyw homili gyhoeddedig arall) am weithred y bedydd, ac ni chysylltir y taenellu yn enw'r Tad a'r Mab a'r Ysbryd Glân â'i syniadaeth ar y thema hon. Yn hyn o beth mae dysgeidiaeth Emrys yn syrthio'n fyr o'r athrawiaeth Ddiwygiedig a geir yn *Hyfforddwr* a *Geiriadur Ysgrythurol* Thomas Charles o'r Bala ac yn Erthygl 37 a 38 yn y Gyffes Ffydd.

O droi at Swper yr Arglwydd, un homili sydd ganddo ar y pwnc, ac mae'n ystyried hwnnw yng nghyd-destun thema cariad brawdol:

> Gwnewch hyn er coffa amdanaf. Gwnewch pa beth? Gwnewch yr hwn yr wyf fi yn ei wneuthur – torrwch y bara, bendithiwch ef a chysegrwch ef, yna rhennwch yn eich plith eich hunain a bwytewch ef. Yr un ffunud, yfwch bawb o'r cwpan. Y mae y ddefod yn syml, ond y mae ei hystyr yn ddirgeledig iawn. (*HII* 15, t. 243)

Nid datrys y dirgelwch yw amcan Emrys yn yr ymdriniaeth fanwl hon, ond esbonio sut mae'r eglwys, ac yn arbennig y rhan honno o'r eglwys y perthynai'r Methodistiaid Calfinaidd iddi, wedi deall sacrament y cymun. Yn ôl Emrys, roedd esboniad y Gyffes Ffydd a'r *Hyfforddwr* yn amwys iawn: 'Y mae eu hawdwyr yn osgoi pob anhawster ac yn ymguddio mewn cwmwl o eiriau amhendant' (ibid., t. 244), meddai, ond roedd yr anhawster yn tarddu o'u ffynonellau yn niwinyddiaeth sacramentaidd Eglwys Loegr:

> Gan fod yr atebion yn yr *Hyfforddwr* wedi eu cymeryd allan o *Gatecism* a *Homilïau* Eglwys Loegr, fe allai rhywrai ddadlau

Ufudd-dod ffydd, yr eglwys a'r sacramentau

mai barn Archesgob Cranmer ac Esgob Jewel am y Swper ydyw'r farn a dderbynnir gan y Methodistiaid. (Ibid.)

Y gwir yw bod cryn amrywiaeth ym marn y Tadau Protestannaidd a Diwygwyr Eglwys Loegr fel ei gilydd, ac roedd hyn yn cymhlethu'r sefyllfa: 'Pe buasai'r Protestaniaid yn unfarn am yr ordinhad hon, y mae'n ddiau mai eu barn hwy a fuasai barn y Methodistiaid, ond ysywaeth nid ydynt hwy yn unfarn' (ibid., tt. 244–5). Yn ôl syniad Emrys, o blith y Methodistiaid cyfoes, roedd 'cryn lawer yn derbyn barn Calvin, ond fod y rhan fwyaf o lawer yn derbyn barn Zuinglius, sef y farn fwyaf gwrthwyneb i farn Eglwys Rufain' (ibid., t. 245), ac o hynny ymlaen mae'n cynnal trafodaeth fanwl soffistigedig ar ddiwinyddiaeth sacramentaidd, lawer *ry* ddysgedig mewn traethiad bore Sul ar gyfer gwerin Fethodistaidd Dyffryn Clwyd!

Wrth osod ochr-yn-ochr â'i gilydd athrawiaeth ewcharistig Eglwys Rufain, Luther, Calvin a Zwingli, mae'n ceisio cael ei wrandawyr i dynnu eu casgliadau'u hunain. Wrth drin Huldrych Zwingli, diwygiwr Zurich, meddai:

> Y mae hwn yn dadlau mai coffadwriaeth yn unig am farwolaeth Crist ydyw'r Swper ac nad yw y bara a'r gwin yn ddim amgen nag arwyddluniau i ddwyn ar gof i ni gorff a gwaed Crist.

Hyn, meddai, yw barn yr isel-eglwyswyr Anglicanaidd, 'a hi hefyd ydyw barn yr Annibynwyr a'r Bedyddwyr a llawer o'r Ymneilltuwyr eraill' (ibid., t. 247). Os oedd Luther, fel Eglwys Rufain, yn credu mewn trawsylweddu'r elfennau materol, y bara a'r gwin, wrth eu cysegru yn y gwasanaeth, ar ffydd y derbynwyr roedd pwyslais Calvin a Zwingli. Gan ddyfynnu o'r pedwerydd llyfr yn *Institutio* Calvin, meddai:

> Yr oedd yntau yn dysgu fod yr Arglwydd Iesu yn bresennol mewn modd gwirioneddol yn yr ordinhad, eithr mai yn

ysbrydol ac nid yn gnawdol y mae efe yn bresennol. Y mae efe hefyd yn dysgu fod pob cymunwr ffyddiog yn derbyn Crist, ac fod y Crist hwnnw o'i dderbyn yn maethu'r enaid. (Ibid.)

Ond beth, meddai, yw ystyr y gair 'presenoldeb', boed ysbrydol neu gorfforol? 'Fe all presenoldeb corfforol fod lle na byddo presenoldeb cnawdol' (ibid., t. 248), a beth yw ystyr yr ymadrodd 'derbyn Crist', ai Crist yn ei ddyndod yntau Crist yn ei dduwdod? 'Y mae Calvin yn gyffredin yn ysgrifennu yn olau iawn ... ond y mae efe wrth ysgrifennu ar y sacramentau braidd yn niwlog' (ibid.). Cryfder safbwynt Zwingli oedd ei symlrwydd, ond dyna hefyd ei wendid amlwg: 'Y mae Zwingli, yn ei sylwadau ar Swper yr Arglwydd yn fwy syml a dealladwy nag un Protestaniad arall, ac y mae efe felly am ei fod yn osgoi pob anhawster' (ibid., t. 249). Y gwir yw bod dirgelwch yn rhan o hanfod y sacrament ni waeth sut y ceisiwyd ei esbonio: 'Os oes dirgelwch yn y *geiriau*, yna rhaid fod dirgelwch yn y meddwl sydd ynddynt, ac er na allwn ni mo'i amgyffred, y mae dyled arnom i'w gredu' (ibid.). Yn fras, mae Emrys yn dod i lawr ar ochr Calvin am iddo gynnwys dyndod Crist yn ogystal â'i dduwdod yn y sacrament ac am iddo roi lle teilwng i'r syniad o *gymuno* yn hytrach nag ar gofio yn unig. Fodd bynnag, pa mor bwysig oedd iawn ddeall ystyr y sacrament, gan mai cariad brawdol oedd y cyd-destun beiblaidd, ni ddylid gwneud hyn yn fater ymbleidio neu ymgecru:

> Y mae i chwi groeso i ymofyn a ydwyf yn iach yn y ffydd Fethodistaidd wrth ymdrin â'r ordinhadau, ond mynnwch wybod yn gyntaf oll a ydych yn fy ngharu, a ydwyf yn eich caru chwi ac a ydym oll yn caru'n gilydd. (Ibid., t. 251)

Ac nid dim byd yn ymwneud ag emosiwn yw cariad, ond mater o benderfyniad a grym ewyllys.

Nodiadau

1. D. Densil Morgan, *Theologia Cambrensis: Protestant Religion and Theology in Wales, Volume 2 The Long Nineteenth Century, 1760–1900* (Cardiff: University of Wales Press, 2021), tt. 178–86.
2. Am y cysyniad o 'ras tsiêp' (*cheap grace*), gw. Dietrich Bonhoeffer, *The Cost of Discipleship* (London: SCM Press, 1959), tt. 35–47; cf. Harri Williams, *Bonhoeffer*, Cyfres y Meddwl Modern (Dinbych: Gwasg Gee, 1981), tt. 79–86.
3. D. Densil Morgan, *Lewis Edwards* (Caerdydd: Gwasg Prifysgol Cymru, 2009), tt. 74–82; yr astudiaeth fwyaf trylwyr o hyd yw D. E. Jenkins, *Calvinistic Methodist Holy Orders* (Caernarfon: The Connexional Bookroom, 1911).
4. Dyfynnwyd yn Enid Morgan, *Emrys ap Iwan: Garddwr Geiriau* (Bangor: Cymdeithas Theatr Cymru, 1980), t. 23.
5. T. Gwynn Jones, *Emrys ap Iwan: Cofiant* (Caernarfon: Cwmni'r Cyhoeddwyr Cymreig, 1912), t. 171.
6. R. Tudur Jones, 'Ffydd Emrys ap Iwan', *Cymdeithas Emrys ap Iwan: Y Ddarlith Flynyddol Cyfrol 3 a 4* (Abergele: Cyngor Sir Clwyd, 1984), tt. 1–19 [1].
7. Menai Williams, 'Cysylltiad Emrys ap Iwan a Phobl Ieuanc a Phlant', yn *Emrys ap Iwan: Tair Darlith Goffa* (Abergele: Cyngor Sir Clwyd, 1991), tt. 21–38 [21].
8. Williams, 'Cysylltiad Emrys ap Iwan a Phobl Ieuanc a Phlant', t. 21.
9. John Owen, 'Emrys ap Iwan: Y Dyn (1848–1906)', darlith anghyhoeddedig a draddodwyd yn Eisteddfod Genedlaethol Sir Ddinbych, 2013.
10. Daw'r thema hon yn neilltuol eglur yn astudiaeth Robert Rhys, *Daniel Owen* (Caerdydd: Gwasg Prifysgol Cymru, 2000), tt. 105–72 a *passim*.

Pennod 5

Cenedlaetholdeb a diwinyddiaeth diwylliant

Cenedlaetholdeb Emrys

Rhwng 1876, blwyddyn ei ymadawiad â Lausanne, hyd ei symudiad i Ddinbych yn 1884 er mwyn bod yn nes at wasg Thomas Gee ar gyfer ei waith yno, fel ymladdwr glew dros hawliau'r Gymraeg ar dudalennau'r *Faner* roedd Emrys yn fwyaf hysbys. Ar ôl ymrwymo i'r weinidogaeth yn 1887, daeth ei fedr fel beirniad a hanesydd llên i'r golwg gyda'i ysgrifau 'Cymraeg y Pregethwr', 'Y Clasuron Cymraeg' a 'Llenyddiaeth Grefyddol y Cymry Gynt' yn y *Geninen*. 'Yr oeddwn i', meddai,

> pan yn laslanc, yn meddwl y gallaswn wasanaethu fy nghenhedlaeth trwy sgrifennu epistolau yn well na llawer o ddynion anysbrydoledig, ond gan nad oedd ar Gymru ddim eisiau epistolwr, fe gymhellwyd arnaf i fyned yn bregethwr.
> (*HI* 16, t. 234)

Ar wahân i'w waith bugeiliol, roedd y rhan fwyaf o'i egnïon yn cael ei sianelu i'w bregethu, ac un o hynodion dwy gyfrol yr *Homilïau*, y naill yn 1906 a'r llall yn 1909, oedd y cyfeiriadau ynddynt at faterion gwleidyddol a chymdeithasol y dydd yng ngoleuni dealltwriaeth neilltuol o'r efengyl. Nid pregethu gwleidyddiaeth a wnâi nac arddel rhyw fath o 'efengyl gymdeithasol', ond atgoffa'i wrandawyr fod a wnelo Cristnogaeth â materion y byd hwn yn ogystal â'u cyfarwyddo ynghylch sut i ymbaratoi ar gyfer tragwyddoldeb. Wrth draethu ar Jeremeia 9:24, 'Myfi yw yr Arglwydd a wna drugaredd, barn a chyfiawnder yn y ddaear', mae'n annog cydymdeimlad â'r cenhedloedd gorthrymedig, y Gwyddelod, y Bohemiaid, y Pwyliaid, yr Abysiniaid, y Matabeliaid ac eraill gan wneud y pwynt crefyddol yn amlwg:

> Nid oes gan neb cryf pa un bynnag a fyddo ai dyn ai cenedl, hawl i arfer ei gryfder oddi eithr i amddiffyn ei hun ac amddiffyn y gwan. Wrth ddywedyd y pethau hyn nid traethu syniadau gwleidyddol yr ydwyf eithr traethu egwyddorion moesol, egwyddorion ag y mae Cristnogaeth ei hun yn seiliedig arnynt. (*HII* 4, t. 61)

Roedd gan bregethwr ddyletswydd i gyfarwyddo'i bobl mewn materion cymdeithasol a gwleidyddol yn ogystal â sôn am foesoldeb personol.

O ddarllen ei lythyrau ynghylch hawliau'r iaith yn *Y Faner*, prin y byddai neb yn credu fod yna safbwynt penodol grefyddol wrth eu gwraidd – mae'n bur debyg nad oedd – , ond erbyn ymddangosiad yr *Homilïau*, mae'n amlwg fod Emrys wedi meddwl yn ddwys iawn am y seiliau beiblaidd i fywyd y genedl. Ef oedd y Cymro cyntaf i wneud hynny yn y bedwaredd ganrif ar bymtheg ac erys ei ddehongliad yn sylfaenol ar gyfer unrhyw athrawiaeth Gristnogol gyfoes ar fater Cymru a'r Gymraeg. Yn y ddwy homili 'Y Ddysg Newydd a'r Hen' yn y gyfrol gyntaf, a 'Pwy yw fy Nghymydog' yn yr ail ynghyd â pharagraff allweddol mewn pregeth arall, sef 'Gweddi a Gwaith', y mynegir seiliau Cristnogol cenedlaetholdeb Emrys yn fwyaf eglur. Rhagfyr 1898 yw'r dyddiad wrth 'Gweddi a Gwaith' ond mae'r ddwy arall yn ddi-ddyddiad, a chawsant eu dyfynnu'n helaeth gan y to hwnnw o genedlaetholwyr a ddaeth i'r amlwg yng Nghymru ar ôl y Rhyfel Byd Cyntaf ac i mewn i ail hanner y ganrif o'r blaen. O'r Testament Newydd y daw testun y ddwy homili, y naill o bregeth Paul yn Athen ym mhennod 17 yn Llyfr yr Actau a'r llall o ddameg Iesu am y Samariad Trugarog yn Luc 10, ond mae'r syniadaeth ddiwinyddol yn seiliedig yn bennaf ar hanes y creu yn Llyfr Genesis.

Mae hi'n egwyddor gyson gan Emrys fod Duw yn ei ddatguddio'i hun yn y greadigaeth yn ogystal ag yng Nghrist ac yn yr Ysgrythur, ac mae'r datguddiad cyffredinol hwnnw yn hysbys i bawb. Rhan o drefn y creu yw bodolaeth ieithoedd a chenhedloedd, er bod perthynas annatod rhwng y datguddiad cyffredinol a'r datguddiad achubol yng Nghrist. Nid creawdwr yn unig mo Duw ond cynhaliwr, ac fel cynhaliwr mae hefyd yn llywodraethwr. Caiff y llywodraeth honno ei mynegi yn y deddfau natur sy'n cynysgaeddu'r greadigaeth fud, ond caiff y sofraniaeth ddwyfol ei hamodi gan y rhyddid ewyllys a ganiatawyd i ddyn: 'Nid natur oddi allan iddo, na greddfau ei natur ei hun, sydd yn ffurfio'i gymeriad nac yn penderfynu ei dynged ef, eithr gweithrediad ei ewyllys' (*HII* 2, t. 27). Mae'r rhyddid ewyllys hwn yn hollbwysig fel sail moeseg a moesoldeb. Er mwyn bod yn atebol i Dduw, mae'n rhaid wrth ewyllys rydd.

Yn ôl Llyfr Genesis, mae'r amrywiaeth sy'n perthyn i'r greadigaeth yn rhan o fwriad y Duw daionus, ac nid yw'r Cwymp wedi medru ei dileu. Amrywiaeth ac nid unffurfiaeth yw bwriad Duw ar gyfer ei fyd, ac mae unrhyw ymgais i danseilio'r drefn hon yn deillio o anufudd-dod. 'Pechod', meddai ymhellach, 'pechod yn rhith gwareiddiad, sy'n dwyn unffurfiaeth i'r byd; mae gras yn peri amrywiaeth' (*HII* 10, t. 157). Creodd y Cwymp densiwn rhwng y bwriad gwreiddiol a'r ewyllys ddynol wrthnysig, ac oherwydd hynny y perygl yw i genhedloedd fforffedu eu dyfodol a chael eu dileu. Yr alwad, felly, yw i ddyn ymostwng i'r drefn ddwyfol, gydweithio â hi, a thrwy hynny ffynnu a llwyddo. 'Cofier', meddai, 'mae'r Duw a wnaeth ddynion a ordeiniodd genhedloedd hefyd, ac y mae difodi cenedl y trychineb nesaf i ddifodi dynol-ryw' (*HI* 3, t. 50). Nid peth statig mo'r rhagluniaeth ddwyfol ond peth deinamig, sy'n galw yn barhaus am gydymdrech dyn, ac yn sgil hyn, gan mai amcan ei fodolaeth oedd dod o hyd i Dduw, ar hyd llwybr ei genedligrwydd y byddai hyn yn digwydd. 'I ba beth ... y dosbarthodd Duw ddynion yn genhedloedd', gofynnodd, 'ac yr ordeiniodd efe wlad i bob cenedl, ac amser penodedig i ymddatblygu ynddi?' A'r ateb, gan adleisio geiriau Paul yn Athen, oedd: '"Fel y ceisient yr Arglwydd"' (ibid., t. 51). Caiff y pwynt hwn ei ategu yn y paragraff allweddol yn 'Gweddi a Gwaith':

> Yng nghymdeithas dynion yn unig y mae perygl inni golli'n cymeriad priodol; yng nghymdeithas Duw yr ŷm yn ei gadw. Y mae'r Creawdwr yn parchu'r pethau sy'n gwahaniaethu'r naill ddyn oddi wrth y llall, am ei fod yn caru amrywiaeth; y mae'r byd yn y gwrthwyneb yn ceisio'u dileu am ei fod ef yn caru unffurfiaeth. Er mwyn cadw dynion rhag myned yn rhy debyg i'w gilydd y neilltuodd – y dosbarthodd Duw feibion Adda yn llwythau, yn ieithoedd, yn bobloedd ac yn genhedloedd, ac y mae'r Beibl yn awgrymu y bydd i bob dosbarthiad a ordeiniodd Duw i beri amrywiaeth ar y ddaear, barhau dros byth yn y nef hefyd. (*HI* 12, t. 187)

Er bod i genedl ei hawliau yn ôl y drefn ddwyfol, nid hawliau absoliwt mohonynt. Duw yn unig sy'n absoliwt, ac ni ddylid fyth droi'r genedl yn eilun. O ran y genedl Gymreig, dyletswydd y Cymry yw gwneud popeth a allent i warchod ei hunaniaeth, nid am ei bod yn well na chenhedloedd eraill, ond am ei bod yn ffynhonnell bendith ac yn gyd-destun gwareiddio'r bobl. 'Gymry ieuainc', meddai, mewn un paragraff enwog,

> wrth ymgydnabod â gwleidyddiaeth y newyddiadur, nac esgeuluswch astudio gwleidyddiaeth gyfiawnach y Testament Newydd. Cofiwch ym mlaenaf eich bod yn

ddynion, o'r un gwaed â'r Saeson a'r Bwriaid a'r Caffiriaid a'r Sineaid, am hynny byddwch barod i roddi iddynt hwy bob braint a fynnech ei chael i chwi eich hun. Cofiwch yn ail eich bod yn genedl trwy ordeiniad Duw, am hynny gwnewch yr hyn a alloch i gadw'r genedl yn genedl, trwy gadw'i hiaith a phob peth gwerthfawr arall a berthyno iddi. Os byddwch anffyddlon i'ch gwlad a'ch iaith a'ch cenedl, pa fodd y gellir disgwyl i chwi fod yn ffyddlon i Dduw ac i'r ddynoliaeth? (*HI* 3, tt. 52–3)

Prif nodwedd hunaniaeth Cymru yw'r Gymraeg, ac mae bod yn ffyddlon i'r genedl yn golygu bod yn deyrngar i'r iaith:

Gan i Dduw eich gwneuthur yn genedl, ymgedwch yn genedl; gan iddo gymryd miloedd o flynyddoedd i ffurfio iaith gyfaddas i chwi, cedwch yr iaith honno, canys wrth gydweithio â Duw yn ei fwriadau tuag atoch, bydd yn haws i chwi ei gael wrth ei geisio. (Ibid., t. 53)

Mae'r drefn yma yn amlwg; ffyddlondeb i Dduw sy'n dod gyntaf, i'r ddynoliaeth gyfan yn ail a dim ond wedyn i'r genedl, ac yn ôl y drefn hon gwedd ar gariad at Dduw a chyd-ddyn yw'r ymlyniad cenedlaethol: 'Ordeiniwyd i ddyn garu ei deulu a charu ei genedl er mwyn iddo ddysgu caru dyn fel dyn' (*HII* 10, t. 156). Nid oes unrhyw le i dra-dyrchafu'r genedl ar draul yr ymlyniad mwy sylfaenol at y ddynolryw gyfan.

Ond eto, ordinhad Duw yw'r genedl, a chyfrwng hunaniaeth y Cymry yw eu hiaith. Nid peth arwynebol mo iaith ond peth sylfaenol: 'Nid rhywbeth y gellir ei fwrw heibio fel y mynner a'i newid fel dilledyn ydyw iaith' (ibid., t. 155), meddai, felly mae gwarchod y Gymraeg yn beth hanfodol. Gall fynd ymhellach na hyn trwy fynnu bod 'iaith mewn amser yn gwneud ei hôl ar gyfansoddiad meddwl dyn a hyd yn oed ar gyfansoddiad ei gorff' (ibid., t. 154). Nid yw'n esbonio sut mae hyn yn digwydd, ond mae'n unol ag argyhoeddiad Emrys ynghylch natur hanfodol y Gymraeg a'i lle creiddiol yn y seice cenedlaethol. Yr alwad eto yw gwarchod yr iaith hyd yr eithaf: 'Na wneled neb ddim i ddinistrio iaith cenedl', meddai, 'canys yr ydys wrth ddinistrio iaith yn dinistrio cymeriad neu neilltuolrwydd cenedl' (ibid., t. 157). Yn union fel y daw ffyniant i'r genedl trwy ei ffyddlondeb i'r iaith, bydd annheyrngarwch yn dwyn ei chosb: 'Y mae Duw yn cosbi'r bobl sy'n esgeuluso iaith eu gwlad' (ibid., t. 155). Mae'n gwneud y pwynt mai yn ardaloedd y ffin lle collwyd yr iaith fel siroedd Maesyfed a Brycheiniog – dyw e ddim yn crybwyll Mynwy neu'r Maelor Saesneg yn Sir y Fflint – roedd Ymneilltuaeth ar ei gwannaf, tra bod yr efengyl yn llwyddo orau yn yr ardaloedd Cymraeg. (Rhan o'i gŵyn yn erbyn Dr Lewis Edwards yn ffrwgwd mawr yr 'Inglis Côs' yn nechrau'r 1880au oedd y byddai sefydlu capeli Saesneg yn yr ardaloedd Cymraeg nid yn unig yn gwanychu'r iaith ond yn andwyo Cristnogaeth hefyd). Dyletswydd grefyddol, felly, oedd amddiffyn hunaniaeth Cymru ac ymgeleddu'r iaith: 'Ei fwriad a'i ewyllys ef yw i bob cenedl fod yn oruchaf yn ei gwlad ei hun, a bod i'w chyfreithiau gael eu gweinyddu ac i'r efengyl gael ei phregethu yn ei iaith ei hun' (*HI* 3, t. 52). Roedd hwyluso pregethu'r efengyl yn rhan bwysig o'r genhadaeth hon oherwydd trwyddi hi y câi pobl eu cymodi â Duw.

Nid oes dim traha neu falchder hunanol yn y syniadaeth hon, ac er i'r genedl fodoli trwy'r ordeiniad dwyfol, nid yw'r etholedigaeth honno yn absoliwt. Bydd pob cenedl, ryw bryd, yn dod i ben; oni ddywedodd Paul gymaint â hynny yn ei bregeth yn Athen? 'Ac efe a wnaeth o un gwaed bob cenedl o ddynion i breswylio ar holl wyneb y ddaear, *ac a bennodd yr amseroedd rhagosodedig a therfynau eu preswylfod hwynt*' (Actau 17:26). Ni ellid disgwyl i'r un genedl barhau am byth. Fel roedd amser ei geni wedi'i bennu gan ragluniaeth, felly hefyd amser ei diddymiad. Ond yn ôl Emrys, nid oedd dim byd *anorfod* ynghylch yr amseru hwn. Byddai'r Gymraeg yn parhau cyhyd ag y byddai'r Cymry yn dal i'w siarad a'i harddel, a chan fod yr iaith a'r diwylliant a oedd ynghlwm â hi yn rhoddion mor werthfawr, dyletswydd Gristnogol oedd i'w hymgeleddu a'u gwarchod. Galwad i weithredu'n egnïol oedd ganddo yn hytrach na chydymffurfio'n oddefol â'r dybiaeth ddioglyd fod tranc y Gymraeg yn anorfod. Nid mater o dyngedfennaeth ddall oedd athrawiaeth rhagluniaeth ond galwad i gydweithio â Duw er mwyn gwireddu'i ddibenion daionus. Roedd rhywbeth iachus o gadarnhaol yn y syniadaeth hon, mor wahanol i'r farn bietistaidd mai ofer oedd ymdrechu i gadw'r iaith am fod ei thranc wedi ei rhagarfaethu eisoes.

Yn ogystal â hyn, roedd rhywbeth hynod flaengar yn nealltwriaeth Emrys ynghylch arwyddocâd iaith ac ieithoedd, ac erys hynny o hyd bron i ganrif a hanner yn ddiweddarach. Nid mater o ramadeg a chystrawen yn unig oedd y Gymraeg – er bod Emrys yn ramadegwr tan gamp – ond o ymdeimlad pobl o'u lle yn y byd. Trwyddi y gallent weld a deall a dirnad eu bodolaeth ym mhatrwm hanes. Trwy gyfrwng eu hiaith fe'u clymwyd wrth gof y cenedlaethau gynt a'r doethineb a berthynai iddo. Byddai colli iaith yn eu torri oddi wrth warineb y gorffennol. Trwyddi hi y gallent barhau yn bobl wâr. Os synhwyrodd hyn cyn ymadael yn ŵr ifanc am y cyfandir, roedd y cyfnod a dreuliodd ymhlith ieuenctid amlieithog y Swistir wedi ategu'r peth iddo. Roedd ei ddarllen yng ngwyddor newydd ieitheg, gwaith ysgolheigion Almaenig gan mwyaf, wedi ei argyhoeddi fod tarddiad iaith yn ymestyn yn ôl dros filoedd o flynyddoedd. Ynghyd â hyn, parodd ei ddealltwriaeth o raslonrwydd trefn y greadigaeth a'r alwad i gydweithio â'r bwriadau dwyfol iddo herio'r categorïau Darwinaidd poblogaidd ynghylch goruchafiaeth anorfod y cryfaf, a mynnu bod amrywiaeth yn greiddiol i'r bywyd da tra bod unffurfiaeth yn ddifäol. O droi at y byd cyfoes, mae'r mwyaf goleuedig o sylwebyddion diwylliannol yn galw bellach am ymwared â'r modelau esblygiadol hierarchaidd sydd â'u gwreiddiau yn Oes Victoria a gosod yn eu lle ddelweddau newydd i ddisgrifio ymaddasu at amgylchiadau newydd, rhai sy'n pwysleisio cydymdrechu a chydweithio yn hytrach na chystadlu a difa. Sylweddolodd Emrys hyn ganrif a hanner yn ôl, a hyn fu wrth wraidd ei atgasedd at iwtilitariaeth ieithyddol, gyfalafiaeth ddilyffethair ac at yr ymerodraeth Brydeinig fel ei gilydd. Yr ysgolhaig Gwyddelig Michael Cronin sydd wedi traethu'n fwyaf huawdl yn ddiweddar am yr angen i gyfnewid y delweddau Darwinaidd am rai sy'n addas at ofynion ecolegol yr unfed ganrif ar hugain:

> The future lies with languages that can maximize diversity ... and reveal ways of being that are connected with the specificities of place but are open to the world ... The genuine pragmatists are those who look to the language for resources to build an alternative future.[1]

Yn hyn, fel mewn amryw o bethau eraill, erys gweledigaeth Emrys yn hynod berthnasol o hyd.

Y gorchymyn diwylliannol

Roedd athrawiaeth Emrys ynghylch y genedl yn wedd ar ei syniadaeth ehangach ynglŷn â'r dasg ddiwylliannol a oedd ymhlyg yn yr efengyl. Er mai dyn a greodd ddiwylliant, gwnaeth hynny yn unol â threfn rhagluniaeth ac er budd a diddanwch y teulu dynol oll. Roedd llywodraeth Duw dros ei fyd er daioni, a'i ras wedi ei daenu ar led er budd pawb. Parodd y Tad i'w haul godi ar y drwg a'r da fel ei gilydd gan lawio ar y cyfiawn a'r anghyfiawn pwy bynnag oeddent. Roedd y cwbl yn rhan o batrwm daionus y Creawdwr. Mae athrawiaeth Emrys ynghylch yr hyn y daeth diwinyddion neo-Galfinaidd yr ugeinfed ganrif i'w alw 'y gorchymyn diwylliannol' (*the cultural mandate*)[2] i'w gweld yn fwyaf amlwg mewn dwy bregeth, sef 'Crefydd a Gwareiddiad' yn seiliedig ar hanes Cain ac Abel yn ail gyfrol yr *Homilïau* ac a luniwyd ar 10 Gorffennaf 1903, yna 'Y Ddwy Alwedigaeth' sy'n ddi-ddyddiad ac yn cynnig esboniad ar Hebreaid 3:6 yn y gyfrol gyntaf. Ynddynt mae'n tynnu gwahaniaeth rhwng gras cyffredinol Duw a'i ras achubol ac yn olrhain y berthynas rhyngddynt.

Yn ôl stori Genesis roedd teulu Cain yn cynrychioli diwylliant tra bod Abel a'i ddisgynyddion yn cynrychioli duwioldeb. Yr hyn a wnaeth Cain, wrth gwrs, oedd lladd ei frawd, a byddai nod y drygioni hwnnw arno ef ac ar ei hiliogaeth:

> Mae'r testun ... yn rhoi ar ddeall fod gwareiddiad teulu Cain yn ddrygionus yn ei wreiddyn ac yn ddrygionus yn ei ffrwythau hefyd, a gellid dywedyd yr un peth am wareiddiad pob cenedl nad yw ei gwareiddiad yn gorffwys ar grefydd bur a dihalog. (*HII* 1, t. 11)

Lamech, mab Cain, oedd y bardd cyntaf; Jubal ei ŵyr oedd y cerddor cyntaf; Jabal, brawd Jubal oedd y gwneuthurwr pebyll cyntaf, a Tubal-Cain oedd y gof cyntaf. Mae'r bedwaredd bennod hon yn Llyfr Genesis yn olrhain twf gwareiddiad a hwnnw, fel mae'n digwydd, yn llygredig, ond eto: 'Er bod meddwl plant y byd hwn yn llygredig, gall llawer o gynhyrchion y meddwl hwnnw fod yn ddymunol iawn' (*H1* 16, t. 243). 'A ydyw gwareiddiad gan hynny yn ddrwg am ei fod wedi hanfod o deulu drwg?' gofynna wedyn. 'Nac ydyw ... mwy nac ydyw llawer blodeuyn yn ddrwg am ei fod wedi tarddu o domen dail' (*HII* 1, t. 11). O gymhwyso hynny at Brydain yr oes Edwardaidd, cai Emrys gryn hwyl ar ddisgrifio gwareiddiad drwg

> sef y gwareiddiad sy'n gwellau cyflwr dynion heb wellau dim ar eu natur, y gwareiddiad sy'n eu galluogi i fyw yn foethus heb eu dysgu i fyw yn foesol ... y gwareiddiad sy'n cymell dynion i ddyfeisio gwell offerynnau i ladd eraill nag i'w cadw'n fyw, y gwareiddiad sy'n ymorffwys ar gelwydd a thwyll a thrais, y gwareiddiad sy'n gwneuthur bragwyr a hap-chwaraewyr masnachol yn aelodau o Dŷ'r Arglwyddi a'r Cyfrin-gyngor (ibid., t. 12)

ac yn y blaen, '[o]nd wedi'r cwbl, pechod yn ei geinciau ac nid yn ei wreiddyn ydyw yr holl ddrygau a enwyd' (ibid., t. 15). Serch hyn i gyd, bwriadwyd gwareiddiad er lles y ddynolryw ac nid er drwg, a'r ffordd fwyaf effeithiol i'w buro yw trwy ddylanwad dyrchafol gras: 'Ni wna pethau gorau gwareiddiad ddim lles i neb tra bônt ar wahân i grefydd bur' (ibid., t. 14). Mae'r un peth yn wir am ddiwylliant dyn yn ogystal â'i wareiddiad: 'Y mae modd cysegru barddoniaeth a cherddoriaeth a'r rhan fwyaf o'r celfyddydau hefyd i wasanaeth Duw' (ibid.), a'r dasg benodol Gristnogol yw gwneud hynny. 'Ai eiddo'r cenhedloedd yw llên, celf a gwŷdd?' gofynnodd. 'Gwneled pobl Dduw hwynt yn eiddo iddynt eu hunain' (*H1* 16, t. 243). Ond hyd yn oed pe *na* wnaed hynny, bwriadwyd diwylliant a gwareiddiad fel ei gilydd er lles dyn ac er mwyn cyfoethogi'i brofiad ar y ddaear. 'Os olrheiniwn y celfyddydau i'w dechreuad cyntaf', meddai, 'fe welwn mai'r Creawdwr yw eu tad, ac nid neb o'i greaduriaid, canys efe yw ffynhonnell pob peth sydd dda' (ibid., t. 242). Galwad y Cristion, felly, oedd nid meithrin ei fywyd defosiynol yn unig nag ymroi i weithgareddau penodol grefyddol yn unig ond mynd ati'n egnïol i gyflawni'r dasg ddiwylliannol:

> Pa fodd y gallwn wasanaethu yn dda yn y ddwy alwedigaeth, y nefol a'r ddaearol? Trwy wasanaethu yr un Arglwydd. Trwy ddymuno yn galonnog ar i Dduw wneuthur ei ewyllys ar y ddaear fel yr ydys yn ei gwneuthur yn y nef. Trwy fwyta ac yfed, gweithio a masnachu megis i Grist, ac er gogoniant Duw Dad. (Ibid., t. 240)

'Efe yw Duw ein hiachawdwriaeth', meddai. 'Ie, efe yn y pen draw yw Duw gwareiddiad hefyd' (ibid., t. 243). Nid oedd neb arall o blith diwinyddion ei genhedlaeth wedi dweud hynny mor eglur na meddwl am oblygiadau'r gorchymyn diwylliannol gyda'r un pendantrwydd pwrpas. Nid seciwlareiddio'r meddwl Cristnogol oedd ei nod, na chreu hollt rhwng y bywyd diwylliannol a'r bywyd ysbrydol, ond yn hytrach esbonio'n gelfydd fel y gallai'r naill faes ffrwythloni'r llall:

> Os Duw yw ffynhonnell y celfyddydau, efe yw eu diben hefyd, am hynny dylid ymarfer â phob gorchwyl er ei ogoniant. Oni wnawn hynny, erys pob galwedigaeth ddaearol yn anianol, ac ymdry yn rhywbeth gwaeth nag anianol. Yr alwedigaeth nefol sy'n sancteiddio'r alwedigaeth ddaearol. (Ibid.)

Pan oedd perygl i Gristnogion ymateb i her seciwlariaeth naill ai trwy gyfaddawdu â hi neu drwy adweithio'n ofnus-bietistaidd yn ei herbyn, roedd athrawiaeth ddiwylliannol Emrys yn dra iachusol. Erys yn gyfraniad amhrisiadwy i waddol y meddwl diwinyddol Cymreig.

Nodiadau

[1] Gw. ymdriniaeth Mererid Hopwood â'i waith a'i pherthnasedd at y Gymraeg, 'Iaith ac ecoleg? Pa fath o dwll?', *O'r Pedwar Gwynt*, Gaeaf 2023, 28–30 [y dyfyniad ar d. 30].

[2] Gw. Henry Van Til, *The Calvinistic Concept of Culture* (Philadephia: Presbyterian and Reformed, 1959), *passim*; cf. R. M. Jones, *Llên Cymru a Chrefydd* (Abertawe: Christopher Davies, 1977), tt. 67–74, lle enghreifftir y gorchymyn diwylliannol trwy gyfeirio at weithiau Emrys.

Pennod 5

Eschatoleg a'r Farn

Fel Methodist teyrngar roedd Emrys wedi'i fagu ar y cynllun eschatolegol oedd yn gyffredin i Brotestaniaeth Ewrop ac a fynegwyd ym mhenodau 15–17 o'r *Hyfforddwr* ac yn Erthyglau 41–44 yn y Gyffes Ffydd. Yn ôl hon, roedd tynged dragwyddol pawb wedi'i phennu ar sail eu hymateb i'r efengyl. Ar foment angau byddai'r duwiolion yn mwynhau bendithion y nefoedd yn uniongyrchol tra byddai'r annuwiolion yn cael eu cosbi yn uffern am eu pechodau. Byddai'r Farn gyffredinol yn gyfamserol â'r ail-ddyfodiad, a'r pryd hynny unid cyrff y gwaredigion a'r damnedigion â'u heneidiau, gyda'r saint yn etifeddu nef newydd a daear newydd. Er na fanylir arni, yn ôl *Yr Hyfforddwr* byddai i gosb y damnedigion ei gwedd gorfforol: 'Bydd eu cyrff, fel eu heneidiau yn aflan, yn warthus a dirmygedig'. Fodd bynnag, ceir mwy lawer o sôn am y nefoedd a buddugoliaeth y saint nac am gosb yr annuwiol a phwysleisir cyfiawnder Crist ym mhob peth. O ran y Farn, bydd hi'n fawreddog, yn ogoneddus ac yn ddisymwth, ac yn datgan cyflawniad gwaith Duw ar y ddaear a'i goncwest derfynol dros bechod a marwolaeth.[1]

Erbyn ail hanner y ganrif roedd taclusrwydd y schema hon yn cael ei diystyru os nad ei gwrthod gan rai. Ers dyddiau'r diwinydd Anglicanaidd F. D. Maurice a'i *Theological Essays* (1853), *The Soul's Exodus and Pilgrimage* (1862) gan yr Annibynnwr James Baldwin Brown a gweithiau fel *Eternal Hope* (1878) gan y Deon Farrar o Gaergaint, yn Lloegr bu'r syniad o gosbedigaeth dragwyddol o dan gabl gyda mwy a mwy yn dod i arddel yr hyn a alwyd 'y gobaith ehangach', bod iachawdwriaeth yn bosibl ar ôl marwolaeth ac i'r rhai nad oedd ganddynt ffydd ddiamwys yng Nghrist. 'Pa beth sy'n peri i ddiwinyddion basaf Lloegr wadu cosbedigaeth dragwyddol yn annuwiol?' gofynnodd Emrys.

> Hyn yn bennaf, sef eu bod yn meddwl bod y gosbedigaeth yn dyfod allan oddi wrth Dduw, a bod y Duw hwnnw yn ymhyfrydu mewn poenydio dynion trwy eu rhostio tros byth mewn tân a brwmstan. (*HI* 22, t. 328)

Er nad ymwrthododd â'r schema yn ei chyfanrwydd, mynnodd osgoi unrhyw ddehongliad amrwd ohoni ac roedd yn dra ymwybodol o'r problemau moesol a oedd ynghlwm ynddi. 'Y mae y rhai sy'n haeru y diddymir yr annuwiolion yn y byd a ddaw am y pared â gwirionedd pwysig' (*HI* 9, t. 144) meddai, ond ni fynnai gefnu ar y dehongliad traddodiadol ychwaith. Os na chredodd mewn hollgyffredinoliaeth (*universalism*) sef y gred y byddai pawb yn cael ei adfer yn y diwedd, roedd yn ofalus iawn wrth drafod ei fater. Serch hynny, roedd eschatoleg yn thema bwysig yng nghyfundrefn athrawiaethol Emrys ap Iwan.

Rhyddid yr ewyllys a phwyslais mawr ar sancteiddrwydd buchedd oedd nod amgen y gyfundrefn hon, ac os yw sylw yr hanesydd Geoffrey Rowell yn gywir: 'Much Christian eschatology in the nineteenth century was the eschatology of a debased Calvinism',[2] prin bod hyn yn wir am Emrys. Un o hanfodion y drefn Galfinaidd oedd caethiwed yr ewyllys oherwydd y pechod gwreiddiol, ond yn ôl Emrys roedd ewyllys dyn yn rhydd. 'Rhyddid yw rhagorfraint a gogoniant dyn', meddai, 'ac er i ddyn gamarfer ei ryddid, eto nid yw Duw yn gweled yn dda ddwyn oddi arno y peth ag sy'n ei wneud yn greadur cyfrifol' (*HII* 4, t. 63). Ac eto:

> Pe na buasai dynion yn greaduriaid annibynnol ni buasent yn greaduriaid cyfrifol chwaith. Pe na buasai ganddynt

ewyllys rydd, sef gallu i ddewis da a drwg, yna Duw a fuasai yn gyfrifol am gwymp eu tad ac am bob gweithred ddrwg a wnaethant hwythau ar ôl y cwymp. (*HI* 3, t. 54)

Roedd hi'n wir fod pechod yn etifeddol, a bod llygriad yr ewyllys wedi digwydd yn sgil y Cwymp, ond nid oedd y ddelw ddwyfol mewn pobl wedi'i llygru yn llwyr. 'Os aeth ei ewyllys yn gaeth', meddai Emrys, 'ni lwyr anrheithiwyd hi. Cyhyd ag y byddo ei gyneddfau ganddo, y mae ei gyfrifoldeb yn parhau er bod ei allu moesol i wneud yr hyn sydd dda wedi darfod' (*P* 3, t. 35). Mewn geiriau eraill, dyn ac nid Duw oedd yn gyfrifol am y Cwymp, a dyn hefyd oedd yn atebol am ei gyflwr ei hun.

Yn ogystal â bod yn allweddol ym maes moesoldeb, roedd i hyn oblygiadau amlwg wyneb yn wyneb â thragwyddoldeb. Yn ôl y Galfiniaeth gymedrol, ni ragarfaethwyd neb i golledigaeth, ond yn ôl Emrys ni ragarfaethwyd neb i gadwedigaeth ychwaith heb iddo ef neu hi gydymdrechu â Duw ym mhroses yr ethol. Fel y gwelsom yn gynharach, nid cyfiawnhad trwy weithredoedd oedd hyn; dibynnai iachawdwriaeth ar aberth iawnol Crist ar y groes. Ond roedd ffydd achubol yng Nghrist ynghlwm wrth ufudd-dod y credadun. Ar y llaw arall, os oedd dyn yn rhydd i gydymdrechu â gras, roedd yn rhydd hefyd i bechu, yn y byd nesaf yn ogystal ag yn y byd hwn:

> Pa beth ydyw uffern amgen na lle y caiff pechadur gyfleustra ynddo i fyned rhagddo byth bythoedd ar hyd y llwybr a ddewisodd yn y fuchedd hon. Y mae efe yn dewis cyfeiliorni ac ymado oddi wrth y Duw byw yn y byd hwn, ac yn y byd tragwyddol fe gaiff anialwch diderfyn i gyfeiliorni ynddo. (*HI* 9, t. 144)

Roedd rhyddid ewyllys yn greiddiol i hyn.

Mewn homili yn seiliedig ar adnodau ym mhroffwydoliaeth Jeremeia 11:19–20, 'Dy ddrygioni dy hun a'th gosba di, a'th wrthdro a'th gerydda, gwybydd dithau a gwêl' a luniwyd yng

Ngorffennaf 1902, mae Emrys yn esbonio fel mae pechod, yn ôl y drefn foesol, yn dwyn ei gosb ei hun. 'Nid oedd y proffwyd', meddai, 'yn petruso priodoli i Dduw natur pob peth yr ydym ni yn ei briodoli i ddeddfau natur' (*HI* 22, t. 327). Ond er hynny, nid trefn amhersonol oedd hon gan i gyfiawnder y Duw personol fod wrth ei gwraidd: 'Cofiwn mai fel barnwr cyfiawn ac nid fel brenin tra-arglwyddaidd, mai yn ôl deddf ac nid yn ôl mympwy neu nwyd y mae Duw yn cosbi dynion' (ibid.). Nid dialedd oedd gan Dduw tuag at bechaduriaid cyndyn, ond parodrwydd iddynt ddilyn eu llwybr eu hunain gan wybod y byddai i hynny ganlyniadau anochel: 'Yn uffern fe gaiff ei wala a'i weddill o'r pethau a chwenychodd ei enaid ar y ddaear' (ibid., t. 329), meddai. Iaith ffigurol, drosiadol a ddefnyddiodd y proffwyd wrth ddisgrifio'r gosb yn union fel y soniodd Iesu am y tywyllwch eithaf lle byddai wylofain a rhincian dannedd; ni thybiodd neb erioed mai disgrifiadau llythrennol oedd y rhain ond yn hytrach ddelweddau trawiadol i danlinellu pwynt. 'Gochelwn rhag gwneud barddoniaeth y Beibl yn ddiwinyddiaeth', meddai mewn man arall, 'a rhag troi ei ffigurau yn ffeithiau' (*HI* 4, t. 67), ac eto: 'Er y gellir maddau i'r beirdd a'r paentwyr sydd yn troi y ffigyrau Iddewig hyn yn ddarluniau, ni ellir maddau i'r diwinyddion sydd yn eu troi yn athrawiaethau' (*HII* 20, t. 327). Yr athrawiaeth oedd bod pechod, mewn byd moesol, yn rhwym o gael ei gosbi. Peth trosiadol oedd yr ieithwedd a ddefnyddid i ddarlunio'r gwirionedd hwnnw:

> Pe bai cosbedigaeth yr annuwiol yn gosbedigaeth allanol a materol a dialeddol o'r fath yna, byddai yn iawn i bawb ei gwadu, ond nid oes neb mwyach a'r sy'n deall ystyr ffigyrau Iddewig (– poenydio dynion trwy eu rhostio tros byth mewn tân a brwmstan –) yn credu mai cosbedigaeth felly ydyw cosbedigaeth yr annuwiol. (*HI* 22, t. 328)

Serch hynny, roedd cosbedigaeth eto yn bod, ac yn ôl rheidrwydd anorfod y drefn foesol, Duw ei hun a'i caniataodd. Ac roedd iddi, yn ôl Emrys, oblygiadau tragwyddol. Dadansoddiad treiddgar o seicoleg pechod sydd ganddo yma. Wrth arfer pechod y duedd fyddai ymgaledu ynddo, ac anodd onid amhosibl fyddai i'r unigolyn droi oddi wrtho hyd yn oed petai'n dymuno gwneud: 'Y pwnc ydyw a all dyn edifarhau ar ôl i bechod fyned yn rhan o'i natur? A fyn efe droi at Dduw ar ôl i uffern fyned i mewn i'w galon?' (ibid.). 'Ai ofni yr ydwyt y'th gosbir â rhyw bethau allanol a materol megis tân a brwmstan a phoethwynt ystormus?' meddai mewn man arall:

> Ofna yn hytrach y gosb fewnol ac ysbrydol hon, sef dy fod wrth bechu yn myned yn fwy o bechadur, a'th fod wrth barhau i rodio yn y tywyllwch yn myned i garu'r tywyllwch yn fwy na'r goleuni. (*HI* 24, t. 362)

Er bod ewyllys dyn yn rhydd, o ddewis pechu yn barhaus, byddai hyd yn oed yr ewyllys rydd yn ymgaledu a throi yn wrthnysig:

> Nid yw yn anodd gen i gredu fod cosbedigaeth dragwyddol tra bwyf yn gweled ambell ddyn yn *mynnu* bod yn bechadur tragwyddol ... Os myn efe bechu ar y ddaear, pa beth a'i rhwystra rhag pechu yn uffern? (*HI* 22, t. 335)

Ac nid mympwy personol oedd hyn o'i eiddo. 'Y mae'n well gennyf fi lynu wrth yr *hen* athrawiaeth a gredir gan y Catholigion a chan Brotestaniaid Ysgotland a Chymru', meddai wrth drafod Titus 2:11–14, 'sef y bydd pob dyn annuwiol yn rhy gyndyn yn y byd a ddaw i dderbyn yr iachawdwriaeth a wrthododd efe yn y byd hwn' (*HII* 19, t. 319). Anogaeth sydd ganddo yn yr homili ar Jeremeia, ar i'w wrandawyr beidio â gadael i'r cyndynrwydd hwnnw ddigwydd yn eu hachos nhw. Er bod y dadansoddiad yn llymdost, erys gobaith yr efengyl yn ffaith: 'A oes yma rywun wedi pechu gymaint fel y mae yn ofni nad oes obaith? Os wyt ti'n ofni nad oes obaith, yna y mae gobaith' (*HI* 22, t. 336). Yn union fel y bu Crist farw dros bawb, mae gras yr efengyl ar gael ar gyfer pawb. Mae'n cloi'r bregeth trwy apelio ar i'r di-obaith ddychwelyd at Grist.

Mewn homili ar y bywyd tragwyddol yn seiliedig ar Ioan 5:25, mae'n sôn am yr hyn y byddai diwinyddion yr ugeinfed ganrif yn ei alw yn 'eschatoleg gyflawnedig', fel y mae'r hyn a ddarlunnir yn y dyfodol yn perthyn mewn gwirionedd i fywyd ysbrydol yr oes hon. Iaith ffigurol eto yw'r cerbyd o'r nef, bloedd yr archangel, yr utgorn yn canu ac yn y blaen, ond dirweddau ydynt sy'n cyfeirio at waith Duw yn yr enaid crediniol ar hyn o bryd. Mae hynny'n wir am y sôn sydd yn y testun hwn am yr atgyfodiad; nid peth a fydd yn digwydd maes o law yw atgyfodiad y corff ond peth a ddigwyddodd eisoes ym mhrofiad y credadun. Ond y mae iddo, serch hynny, wedd ddyfodolaethol. Yn I Corinthiaid 15, pennod fawr yr atgyfodiad, mae Paul yn sôn nid am gorff ffisiolegol, materol ond am gorff ysbrydol sy'n gweddu i'r byd a ddaw, ac yn y corff hwn bydd rhaid i bawb wynebu'i dynged. Ai iaith drosiadol yw hyn? 'Y cwbl a allwn ei gasglu oddi wrth y ffigyrau hyn', medd Emrys, 'ydyw fod adeg yn y dyfodol pan y bernir dynion yn llwyr ac yn derfynol, ac y dyfernir y rhai edifeiriol i ddedwyddwch tragwyddol, a'r rhai cyndyn i drueni tragwyddol' (*HI* 24, t. 363). Nid oes ymgais yma i ddadfythu'r atgyfodiad na'r farn; mae'r nefoedd yn bod fel mae uffern yn bod er mai ofer yw pob ymgais i ddisgrifio'u nodweddion yn fanwl. Ond yn ôl Emrys, mae'r eschatoleg bresennol yn arwain at yr eschatoleg ddyfodolaethol:

> Er fy mod yn dywedyd ar bwys y testun na chaiff y saint well bywyd nag sydd ganddynt yn awr, eto fe'i cânt ef yn helaethach ac fe'i cânt mewn gwell amgylchiadau. Byddant mewn gwlad well, mewn corff gwell ac mewn cymdeithas well. Cânt weled eu Harglwydd megis ag y mae, a chartrefu gydag ef. Er hynny y bywyd sydd o'u mewn a'u galluoga i fwynhau y bywyd oddi allan. (Ibid., t. 366)

Eschatoleg a'r Farn

Er bod Emrys yn arddel gwirioneddau'r eschatoleg Gristnogol: y farn, yr atgyfodiad, yr ail-ddyfodiad, nefoedd ac uffern ac yn y blaen, braidd byth y byddai'n ymroi i ddyfaliadau diwethafiaeth. Cyfeiria unwaith at 'y mil blynyddoedd fawr' (*HI* 13, t. 194) gan fynnu fod 'gwawr y mil blynyddoedd yn llwydoleuo'r blynyddoedd hyn' (ibid.). Yr alwad, felly, oedd i Gristnogion arddel sancteiddrwydd buchedd er mwyn ymgymhwyso ar gyfer y byd a ddaw.

> Daw adeg, a hynny cyn dyfod y diwedd, y bwrir Satan i'r pydew diwaelod ac y selir arno fel na thwyllo'r cenhedloedd mwyach. Yn y blynyddoedd dymunol hynny ni themtir dynion i bechu gan neb na dim oddi eithr gan eu chwant hwy eu hunain. (*P* 3, t. 36)

Ond eto: 'Swm y cwbl yw, bod y byd yn lle nid yn unig i achub pechadur rhag colledigaeth ond hefyd i'w sancteiddio er ei gymhwyso i'r nefoedd' (ibid., t. 37). Fel gyda John Henry Newman, yr unig gymhwyster i fynd i'r nefoedd, yn ôl Emrys, oedd sancteiddrwydd, ac roedd angen ymbaratoi ar gyfer hynny trwy ddisgyblaeth foesol yn y byd hwn. Yn hyn o beth ceir tensiwn parhaus yn yr *Homilïau* rhwng y farn Brotestannaidd fod pob credadun yn cael mynd yn syth i'r nef pa mor ddibaratoad a fyddai: 'Yr ydym ni'n meddwl fod y crediniwr, pa mor amherffaith bynnag a fyddo, yn cael ei gyfnewid megis yn wyrthiol, mewn munud awr, a'i ddwyn yn ddiymdroi i'r gogoniant' (*HII* 19, t. 319), a'i argyhoeddiad personol sylfaenol: 'Nid aiff neb i'r nef hyd oni bydd efe wedi ei berffeithio' (ibid., t. 320). Roedd yn ddiamynedd iawn gydag unrhyw siarad llac am achub ysgafn ac arwynebol. 'Ai ofn myned i uffern sydd arnoch?' gofynnodd. 'Ofn myned i'r nefoedd sydd arnaf fi cyn gorffen dysgu fy ngalwedigaeth' (*HI* 16, t. 250), thema a draethodd yn gyson arni ar hyd ei weinidogaeth:

A oes arnoch ofn y nos? Ofn y dydd sydd arnaf fi. A oes arnoch ofn myned i'r bedd? Ofn codi ohono sydd arnaf fi. Mi wn, pe byddai brycheuyn arnaf, y gwelid ef yn fwy amlwg o lawer yng ngolau'r Oen nag wrth olau pŵl gehena. (*P* 12, t. 140)

Nid yw'n syndod deall fod ganddo gydymdeimlad mawr â'r athrawiaeth Gatholig am y purdan, a'r ffordd mae'n cymathu'r argyhoeddiad ynghylch sancteiddrwydd buchedd a'r angen i gyrraedd purdeb y nef yw trwy'r cysyniad o obaith: 'Pa fath obaith sydd yn sancteiddio'r enaid?' mae'n ei ofyn. 'Y gobaith am weled yr Iesu megis y mae, a bod yn debyg iddo' (*HII* 20, t. 330). Roedd gobaith yn hanfodol i'r eschatoleg feiblaidd. Ar sail yr addewid am y bywyd tragwyddol y gallai'r Cristion fyw yn hyderus yn y byd hwn. Mewn homili a luniwyd ar 27 Mai 1899 yn trafod hanes y patriarch Abraham: 'Trwy ffydd yr ymdeithiodd efe yn nhir yr addewid . . . canys disgwyl yr ydoedd am ddinas ag iddi sylfeini, saer ac adeiladydd hon yw Duw' (Hebreaid 11:9–10), mae'n datblygu'r pwynt yn fanwl: 'Ni a ymroddwn . . . i sylwi ar ddylanwad ein disgwyliadau ar ein hymarweddiadau, neu ddylanwad ein syniad am y nef ar ein buchedd ar y ddaear' (ibid., t. 324).

> Ni raid i bawb . . . synio am y nef fel yr oedd Abram yn synio amdani, ond pa beth bynnag a fyddo ein syniad amdani, ef a ddylai fod yn gyfryw syniad ag a ddylanwado yn ddaionus ar ein buchedd ar y ddaear . . . Ai er mwyn porthi ysbryd chwilfrydig y dywedwyd wrthym fod yn rhaid i'r nefoedd a'r ddaear gydymollwng? Nage, eithr er mwyn dangos inni pa fath ddynion a ddylem ni fod mewn sanctaidd ymarweddiad a duwioldeb. (Ibid., t. 330)

Ac yntau'n credu yn yr angenrheidrwydd i feithrin sancteiddrwydd er mwyn cyrraedd y nefoedd, y ffordd yr osgôdd Emrys gred awdurdodedig Eglwys Rufain yn y purdan oedd trwy wahaniaethu rhwng y cysyniad o uffern a'r hyn a alwodd y Testament Newydd yn *sheol* neu yn *hades*. Er i rai gyfieithiadau drosi'r gair Hebraeg *sheol* a'r gair Groeg *hades* yn 'uffern', sef y man lle cosbid yr annuwiol yn dragwyddol, nid dyna oedd eu hystyr mewn gwirionedd ond yn hytrach 'y byd anweledig yr erys yr ysbrydion ynddo hyd ddydd eu barn' (*HII* 21, tt. 345–6). Yn sgil cael eu barnu yr âi ysbrydion yr annuwiol i uffern, ond nid i'r nefoedd o reidrwydd yr âi ysbrydion y rhai cyfiawn, o leiaf i ddechrau. Yr oedd, medd Emrys, fan canol – a dyna farn Methodistiaid mor nodedig am eu duwioldeb â Henry Rees a David Saunders: 'Yr oeddent hwy yn dywedyd *fod* sefyllfa ganol' (ibid., t. 345) – ac i'r fan honno, er enghraifft, yr aeth y lleidr ar y groes: 'I'r Baradwys hon, ac nid i'r nef yr aeth y lleidr edifeiriol' (ibid., t. 346). Ond roedd Iesu ei hun yno, yn ei groesawu ac yna ei buro:

> Er fod Paradwys ei hun yn lle rhy dda i fod yn burdan, eto y mae yn rhaid inni gredu ei fod yn lle y gellir ymburo ac ymberffeithio ynddo, canys y mae un o'r apostolion yn hyderus yn hyn, y bydd i'r hwn a ddechreuodd ynom waith da ei orffen hyd ddydd Iesu Grist. Yn nydd yr atgyfodiad ac nid yn nos angau y gorffennir iachawdwriaeth dyn. (Ibid.)

Wrth ddadansoddi datblygiad eschatoleg yn Lloegr yn ystod Oes Victoria, meddai Geoffrey Rowell: 'There was one notable, common feature, in contrast to the eschatology of previous generations. That was the growing importance of "the intermediate state"'.[3] Dyma ni'n gweld Emrys (ynghyd â Henry Rees a David Saunders os yw Emrys i'w gredu) yn arddel yr un safbwynt. Pa mor ddamcaniaethol bynnag ydoedd, glynodd wrtho am mai trwyddo ef y gallai gysoni ei sêl eirias am sancteiddrwydd buchedd a'r gobaith cysurlawn am fendithion y bywyd tragwyddol.

Eschatoleg yw thema pregeth olaf ail gyfrol yr *Homilïau*, sef traethiad mawreddog ar I Ioan 3:2, 'Anwylyd, yr awrhon meibion i Dduw ydym, ac nid amlygwyd eto beth a fyddwn, eithr ni a wyddom pan ymddangoso efe y byddwn gyffelyb iddo, oblegid ni a gawn ei weled ef megis ag y mae' a luniodd ar 29 Rhagfyr 1894. Dau ben sydd i'r bregeth, sef yr hyn a wyddom a'r hyn na wyddom. Mae'n rhagymadroddi trwy ddadansoddi'n fanwl ddehongliadau'r gwahanol esbonwyr cyn mynd ati i gynnig ei esboniad ei hun. Mewn un paragraff helaeth mae'n rhestru'r holl gwestiynau a ofynnodd pobl ar hyd y blynyddoedd am fanylion y byd a ddaw:

> Dyma gwestiynau y darfu inni oll, pan yn blant, eu gofyn i'n rhieni ac i ryw hen fodryb, ac y mae'n ddiamau eich bod chwithau fel minnau yn synnu fod pobl mewn oedran ac yn eu llawn dwf yn methu ag ateb yn fwy boddhaol. Y mae llawer ohonom ni'n hunain erbyn hyn wedi myned cyn hyned ag oeddent hwythau y pryd hwnnw, ond er hynny rhaid inni addef na wyddom ni fawr fwy na hwythau am y wlad ddieithr sydd yn gorwedd y tu hwnt i'r mynyddoedd tywyll. (*HII* 22, t. 363)

Ymhlith y cwestiynau hyn oedd tynged paganiaid na chawsant erioed gyfle i glywed am Grist nag ymateb i'w efengyl, a thynged y rhai a fu farw yn eu babandod. Ar ôl trafod amryw o bosibiliadau meddai:

> Ni wn i ddim beth a fydd eu tynged ond mi wn hyn; mai Duw graslon a thrugarog iawn yw ein Duw ni, ac nid yw efe ddim llai trugarog o dan oruchwyliaeth yr efengyl nag ydoedd pan arbedodd efe Ninefe, y ddinas fawr, am fod ynddi anifeiliaid lawer a deuddeng myrdd o ddynion na wyddent ragor rhwng eu llaw dde a'u llaw aswy. (Ibid., t. 364)

Mae'n cloi pen cyntaf yr homili trwy fynnu mai '[g]wneuthur ein dyletswyddau ac nid gwybod y dirgelion sy'n weddus inni ar hyn o bryd' (ibid., t. 365).

O dan yr ail ben mae'n traethu gyda grym rhethregol amlwg am, ymhlith pethau eraill, yr addewid y caiff y greadigaeth gyfan ei hadnewyddu yn sgil ail-ddyfodiad Crist. Mae'n werth dyfynnu'r paragraff ar ei hyd:

> O! Y mae y ddaear yn dechrau clafychu, y mae annelwig ddefnydd y corff a fydd yn gorwedd yn ei chrombil eisoes yn aflonyddu ac yn ymwthio i'r esgorfa. Ewch i'r fynwent a sefwch wrth fedd. Oni chlywch chwi ryw siffrwd o dan y dywarchen? Oni welwch chwi'r dywarchen ei hun yn lled ymgodi? Oni welwch chwi lawer bedd yn agennu, a llawer carreg yn gwyro? Oni thebygwch chwi fod yr holl lannerch yn gwegian dan eich traed? Trowch eich llygaid tua'r gorllewin, a gogwyddwch eich clust tua'r de. Oni chlywch chwi Etna yn gruddfan yn ddwys, ac oni welwch chwi fynyddoedd yr Andes yn bwrw i fyny fwg a thân? Paham y mae'r ddaear yn crynu a'r wybren yn cyffroi? Am fod dydd gwewyr y byd yn agos. Yn y man y bydd yr hen ddaear farw wrth roi genedigaeth i ddaear newydd. Pa fodd na bydd hi yn newydd wedi agoryd ei holl feddau? Hyd yn oed pe na bai hi yn dwyn yn ei mynwes ei hun y tân a ordeiniwyd i'w llosgi, oni newidir ei wyneb yn llwyr gan gyffro'r meirw a gladdwyd ynddi? Un fynwent fawr yw y ddaear eisoes, ac yr ydym ymhob man yn sengi ar lwch ein tadau. Onid oes esgyrn dynion ynghanol y creigiau ac o dan y corsydd? Ni ddichon angel yr atgyfodiad wneud ei waith heb droi a throsi'r ddaear yn rhyfedd. Pan yrro efe ei aradr trwyddi fe welir y mynyddoedd â'u gwaelod i fyny, y moroedd yn llithro dros erchwyn eu gwely, yr afonydd yn newid eu hynt a'r tir diffaith fel tir braenar. Pan ddarffo i'r angel hwnnw fraenaru iddo fraenar, fe ddwg y ddaear gnwd newydd a

gwell – yn lle drain y cyfyd ffynidwydd, yn lle mieri y cyfyd myrtwydd. (Ibid., tt. 370–1)

Uchafbwynt y traethiad hynod hwn yw disgrifiad Emrys o ymddangosiad terfynol y Crist atgyfodedig yn ei ogoniant ac o fendithion y nef newydd a'r ddaear newydd lle bydd cyfiawnder yn cartrefu.

Er iddo fod yn ymwybodol iawn o'r newidiadau yng ngwyddor esboniadaeth feiblaidd er canol y ganrif, y chwyldro deallusol enbyd a ddigwyddodd yn sgil derbyn cysyniad esblygiad ym maes bioleg a daeareg a'r problemau moesol amlwg a gododd yn Oes Victoria ynghylch yr athrawiaeth am gosb dragwyddol yr annuwiol, arhosodd eschatoleg Emrys yn draddodiadol ac yn uniongred. O ddarllen trwy'r *Homilïau* mae'n syndod gweld pa mor ganolog ydoedd, ac amhosibl gwerthfawrogi'i gyfraniad heb dalu sylw dyledus i'w farn am yr athrawiaethau a oedd ynghlwm wrth y Pethau Diwethaf.

Nodiadau

[1] Gw. D. Densil Morgan, 'Credo ac athrawiaeth', yn J. Gwynfor Jones (gol.), *Hanes Methodistiaeth Galfinaidd Cymru, Cyfrol 3, Y Twf a'r Cadarnhau* (1814–1914) (Caernarfon: Gwasg Pantycelyn, 2011), tt. 112–86, gyda sylw neilltuol i'r *Hyfforddwr* ar d. 112–18.

[2] Geoffrey Rowell, *Hell and the Victorians: a study of nineteenth century theological controversies concerning eternal punishment and the future life* (Oxford: Clarendon Press, 1974), tt. 15–16.

[3] Rowell, *Hell and the Victorians*, t. 215.

Pennod 7

Bwrw golwg yn ôl

Wrth annerch myfyrwyr Coleg y Bala yn 1893, meddai Emrys:

> Gwnewch eich pregethau'n gyfryw y bydd yn wiw gan ddynion eu darllen mewn oesoedd ar ôl eich marw, canys wrth ymgyfaddasu i'r oesoedd a ddêl, chwi a'ch gwnewch eich hunain yn bregethwyr cymhwysach i'ch oes eich hun.[1]

Sylwadau proffwydol oedd y rhain oherwydd dim ond ar ôl iddo yntau farw, gyda chyhoeddi dwy gyfrol yr *Homilïau* yn 1906 a 1909 y daeth cynulleidfa ehangach na ffyddloniaid eglwysi Dyffryn Clwyd i sylweddoli pa mor orffenedig oedd ei bregethau a pha mor gyfoethog oedd eu cynnwys. Dechreuodd bregethu pan oedd yn ddeunaw oed a chael ei dderbyn gan y cyfarfod misol, ond am yn hir nid oedd yn siŵr pa lwybr gyrfaol y byddai'n ei ddilyn. Dyfynnwyd eisoes ei sylw amdano'n laslanc yn dymuno gwasanaethu ei genhedlaeth fel llenor neu, o bosibl fel newyddiadurwr, ond 'gan nad oedd ar Gymru ddim eisiau epistolwyr', cymhellwyd arno i fynd yn bregethwr.[2] Ymgymhwysodd yng Ngholeg y Bala i fod yn athro, a chreodd argraff ffafriol iawn ar ei athrawon, John Parry a Lewis Edwards. 'What I saw of you when you were at Bala has left a very favourable impression on my mind', meddai Edwards wrtho ym mis Hydref 1873 wrth ddymuno'n dda iddo yn ei yrfa fel athro ysgol ar y cyfandir, 'for I always found you to be amiable and unassuming.

I had also every reason to believe that in all you did you were governed by right principles, and this has been confirmed by what I have heard of you since you left'.³ Ffrwyth ei ddwy flynedd a mwy ar y cyfandir, yn dysgu mewn ysgol Saesneg yn Lausanne cyn treulio amser pellach yn Heidelberg, Bonn a Geissen yn ymdrwytho yn niwylliant yr Almaen, y Swistir Ffrengig a Ffrainc ei hun, oedd ei droi yn Ewropead trwyadl ac yn feirniad llym ar agweddau bwrdeisiol y Lloegr ymerodrol. Ymhen ugain mlynedd gallai edrych yn ôl ar y cyfnod hwn a dweud:

> Trwy dreulio tair neu bedair blynedd ar y cyfandir, [câi'r Cymry y cyfle i weld] nad yw'r Saeson ddim mor fawr yng ngolwg cenhedloedd eraill ag ydynt yn eu golwg eu hunain, ac yng ngolwg y Cymry plentynaidd sy'n credu bod *'I say'* yn Saesneg yr un peth â 'Fel hyn y dywed yr Arglwydd' yn Gymraeg.

Yn bwysicach na dim, gwelodd ei genedl ei hun mewn goleuni cwbl newydd. 'I mi', meddai, 'y Gymraeg yw'r unig wrthglawdd rhyngom a diddymdra'.⁴

Ac yntau erbyn hyn yn 28 oed, daeth yn ôl yn genedlaetholwr eirias ac, yn drwm o dan ddylanwad y pamffledwr Ffrengig Paul-Louis Courier, yn awyddus i ddefnyddio'r wasg i hyrwyddo'i weledigaeth. Roedd ei ysgrif 'Y Dwymyn Seisnig yng Nghymru' yn *Y Faner*, 27 Rhagfyr 1876 yn nodi ymddangosiad math newydd o lenor ar y llwyfan poblogaidd, un a oedd yn eironig, yn goeglyd, yn wawdlyd-ddeallus, a chanddo ragdybiau chwyldroadol o wrthreddfol yng nghyd-destun y Gymru a oedd ohoni ar y pryd. 'Nodwedd amlycaf y dwymyn Seisnig ydyw fod y neb a fo tani wedi ei feddiannu gan deimlad o rwymedigaeth i sefydlu achosion Seisnig *mewn lleoedd nad oes mo'u heisiau'*,⁵ meddai. Cenhadaeth y Methodistiaid Calfinaidd i sefydlu achosion Saesneg oedd *bête noire* Emrys wedi iddo ddychwelyd i Gymru. Nid dadlau yn erbyn efengyleiddio a wnaeth, nac ychwaith yn erbyn efengyleiddio Saeson yng Nghymru trwy gyfrwng eu hiaith eu hunain, ond roedd yn finiog yn erbyn awydd ei gyfundeb i gymell Cymry i gefnu ar eglwysi Cymraeg a ffurfio eglwysi Saesneg lle nad oedd galw amdanynt. 'Ei ddadl', meddai Gwynn Jones, 'oedd fod y mudiad yn gweled angen am Saesneg lle nad oedd yn bod, a'i fod yn magu math o falchter yslafaidd nad allai lai na lladd cenedligrwydd a chrefydd y Cymry'.⁶ Mewn cyfres o ysgrifau hynod glyfar, 'Wele dy Dduwiau, o Walia!', 'Y Llo Arall', 'Ysgwyd y Wialen', 'Bully, Taffy a Paddy' ac eraill yn *Y Faner* rhwng 1877 ac 1882, aeth ati o dan y ffugenwau Iwan Trevethick ac Emrij van Jan i ddychanu ffolinebau'r Cymry a gwawdio'u gwaseidd-dra o safbwynt un amgen ei ddiwylliant ac Ewropeaidd ei farn. 'Yr oedd ysgrifau fel hyn yn bethau newydd yn y papurau Cymraeg', meddai Gwynn Jones, 'am fod golwg eu hawdur ar fywyd yn llawer ehangach, a'i wybodaeth am genhedloedd a gwledydd eraill yn gymaint mwy nag eiddo neb a fu'n ceisio gwneud cyffelyb waith o'i flaen'.⁷ Yn wahanol i Lewis Edwards, ac yn gwbl groes i dymer ei gyfnod, mynnai nad o safbwynt Prydeinig y dylid ystyried dyfodol y genedl, ac nid peth anorfod oedd tranc yr iaith. 'Y mae tynged yr iaith Gymraeg', meddai, 'yn dibynnu ar ewyllys y Cymry eu hunain'.⁸ Er bod Darwiniaeth, datblygiad a chynnydd ymhlith rhagdybiau'r cyfnod, a'r ymdeimlad fod lledaeniad y Saesneg wedi ei dynghedu, galwodd ar i'r Cymry gymryd gafael yn eu dyfodol eu hunain fel roedd brodorion cynifer o wledydd cyfandir Ewrop yn ei wneud ar y pryd. Nid tyngedfennaeth ddall oedd athrawiaeth rhagluniaeth, ond peth deinamig a chreadigol, ac os nad oedd Methodistiaid yn deall hynny, pa obaith oedd i neb arall wneud? Roedd i'r symudiad presennol oblygiadau crefyddol pendant iawn:

> Ni ddywedaf y byddai marw crefydd Cymru ym marwolaeth y Gymraeg ... ond credaf yn sicr y derfydd am Fethodistiaeth o Gymru pan ddarfyddo am y Gymraeg ... Y mae Methodistiaeth yn llysieuyn mor genedlaethol fel na all dyfu ond ar bwys iaith genedlaethol.⁹

Deuai Emrys maes o law i ddadlau fod arwyddocâd diwinyddol i'r Gymraeg,[10] a dyletswydd y Methodistiaid, yn anad neb, oedd gwarchod hynny a'i egluro gerbron y byd. Mae hanes yr ymgiprys rhwng Emrys ac awdurdodau'r Methodistiaid ar gyfrif yr 'Inglis Côs' a gwrthodiad Sasiwn Llanidloes i'w ordeinio yn 1881 wedi'i drafod yn helaeth gan haneswyr a llenorion,[11] a chennyf innau mewn man arall,[12] felly does dim eisiau'i ailadrodd yma. Digon yw nodi fod ei feirniadaeth o'i gyn-brifathro mewn cyfres o lythyrau yn *Y Faner* rhwng Gorffennaf a Hydref 1880 yn anghysurus o bersonol ac yn gofiadwy o ffraeth:

> Mae yn ddrwg gennyf fy mod yn gorfod ofni erbyn hyn fod gwobrwyon mawr y cyfoethogion wedi ei ddenu ef i bledio eu mympwyon. Llawer cedrwydden gadarn a dorrwyd i lawr â bwyall aur ...
> ... Ni ddylid rhyfeddu gormod fod dyn mor ddoeth â Dr Edwards wedi siarad mor annoeth ... Pan elo dyn mawr i gors, y mae yn naturiol iddo suddo yn is na'r cyffredin am ei fod yn drymach ...
> ... Yn ddiau, y Cymry yw y genedl wirionaf ar wyneb y ddaear! Nid rhyfedd fod y Saeson yn eu diystyru.[13]

Er i gyfarfod misol Dyffryn Clwyd ei gefnogi ar gyfer ei ordeinio yn Sasiwn Llanidloes yn y Mehefin dilynol, dyfarnodd y gynhadledd yn ei erbyn, ac er bod ei feirniadaeth ar Lewis Edwards wedi ei chrybwyll yn y drafodaeth, nid dyna a gyfrifwyd yn ei erbyn yn bennaf ond yr awgrym ei fod yn dibrisio gweddi gyhoeddus fel moddion gras. 'Geiriau dynion ffaeledig ydyw gweddïau ar y gorau' meddai mewn cyfarfod eglwysig yn Ionawr 1881, '[o]nd y mae Gair Duw yn ddi-feth fel yr hwn a'i roes'.[14] Roedd si ar led eisoes nad oedd yn iach yn y ffydd ar fater gweddi, ac yn lle ildio ar y mater mynnodd ei amddiffyn ei hun. Pe na bai ef wedi gwneud hynny, y byddai'r ordeinio yn ddiau wedi mynd yn ei flaen yn ddidrafferth. Roedd hyd yn oed ei gefnogwyr yn gresynu at ei ystyfnigrwydd. 'Y mae gennyf i lawer o barch i Mr Ambrose Jones', meddai un ohonynt, 'y mae ei gymeriad yn ddilychwin, y mae yn ŵr ieuanc sydd yn meddu llawer o nerth meddyliol, ac y mae yn ddefnyddiol iawn gyda'r ieuenctid gartref; ond rhaid addef fod rhyw anhyblygrwydd anhapus yn perthyn iddo'.[15] Bid a fo am hynny, bu rhaid aros tan Sasiwn yr Wyddgrug ddwy flynedd yn ddiweddarach cyn i Emrys gael ei ordeinio'n weinidog cydnabyddedig gyda'r Methodistiaid Calfinaidd. Erbyn hynny roedd yn 35 oed.

Yn ystod y cyfnod hwn bu'n byw yn Abergele yng nghartref Margaret, ei chwaer. Bu'n ennill ei damaid trwy weithio fel golygydd copi ar *Y Faner* a llunio erthyglau ar gyfer cyfrol olaf *Y Gwyddoniadur Cymreig*, un o fentrau masnachol mawr Gwasg Gee. I hwyluso hyn symudodd i Ddinbych yn 1884. Cyhoeddodd yn doreithiog ar hyd yr amser ar themâu politicaidd a chyhoeddus yn bennaf ac ar orgraff y Gymraeg a materion gramadegol fel y gwelir yn ei gyfrol *Camrau mewn Grammadeg Cymraeg* (1881). Erbyn y nawdegau troes ei sylw at hanes rhyddiaith fel y dengys ei ysgrifau pwysig 'Y Clasuron Cymraeg' (1893) a 'Llenyddiaeth Grefyddol y Cymry Gynt' (1897) ynghyd â'i olygiad o glasur Ellis Wynne *Gweledigaethau y Bardd Cwsg* (1898). Er gwaethaf ei ymlyniad Methodistaidd, ni chyhoeddodd ddim yng nghylchgronau ei enwad, *Y Drysorfa* a'r *Traethodydd*; roedd yn ddewisach ganddo gadw at y cyfryngau anenwadol, *Y Faner* a'r *Geninen*. Bu'n pregethu yn gyson ar hyd yr adeg, ond nid tan 1887 y'i darbwyllwyd i gymryd gofal eglwys a mynnodd wneud hynny ar ei delerau ei hun: gwrthod mynd i bregethu ar brawf; peidio â phenderfynu ymlaen llaw ynghylch cyflog ond derbyn beth bynnag y gallai'r eglwysi ei gynnig a chael pob haf yn rhydd i grwydro gwledydd pell. Ymsefydlodd yn Rhuthun yn 1887; symudodd i Drefnant yn 1895 ac i Rhewl yn 1900 cyn clafychu o ganser a marw yn 58 oed yn 1906. Ar wahân i ddwy bregeth, o gyfnod ei weinidogaeth y lluniodd y deunydd a gyhoeddwyd yn nwy gyfrol yr *Homilïau* a'r gyfrol ddi-ddyddiad *Pregethau*.

Mae'r deunydd hwnnw yn hynod yn ôl unrhyw safonau. Yn ôl Saunders Lewis, llunio'i homilïau ar batrwm pregethwyr mawr Ffrainc yr ail ganrif ar bymtheg a wnaeth, Bossuet, esgob Meaux, y pregethwr llys Louis de Bourdaloue a Jean-Baptiste Massillion, esgob Clermont gellid tybio.[16] Ni welais i unrhyw dystiolaeth uniongyrchol i'r dylanwad hwn, ond does dim amheuaeth am glasuriaeth yr homilïau, yr artistri bwriadol a'u creodd, ehangder y diwylliant sydd ynddynt na threiddgarwch eu cynnwys. Maent yn wahanol iawn i drwch pregethau Cymraeg cyhoeddedig y cyfnod. Mynnai ddiwyllio'i wrandawyr drwy gyfeirio at Victor Hugo (*HI* 18, t. 272), Pascal (*HI* 23, t. 349), 'Quevedo, y breuddwydiwr Ysbeinig' (*HII* 11, t. 167) ymhlith eraill, nid er mwyn tynnu sylw at ei ddysg ei hun ond er mwyn goleuo'r pynciau dan sylw, tra bo rhai o'i ddisgrifiadau o'r hyn a welodd ar ei deithiau tramor yn hudolus:

> Bûm i fy hun wrth deithio yn y Dwyrain yn gweled ambell dylwyth o Arabiaid yn pabellu yn ddiofal ar lannerch las, a'u praidd yn pori o'u hamgylch, yn cael fy nhemtio i ymofyn pwy oedd yn byw y bywyd hyfrytaf, ai hwynt-hwy ai nyni? (*HII* 1, t. 12)
>
> Er fod yn hoff gennyf fi weled y byd, eto ni bu arnaf erioed fawr o awydd am fyned i America. Y mae yn well gennyf y Dwyrain na'r Gorllewin, yr hen fyd na'r byd newydd am fod iddo ef hen hen hanes. Fe ddywed rhai mai hen Gastell Heidelberg yw'r murddyn o gastell harddaf yn yr hen fyd, ac fe ddigwyddodd i mi ar ryw wylnos neu'i gilydd weled y castell hwnnw wedi ei ddaroleuo. (*HII* 13, t. 214)

Llwyddodd i gyffroi dychymyg ei wrandawyr yn gyson, a mynd â nhw o harddwch cyfarwydd Dyffryn Clwyd i fannau pellennig y byd. 'Y mae yn ddiau', meddai yn 1900, 'fod yr Alpau mor fawreddog, a'r llynnoedd sydd wrth eu traed mor dirion heddiw a phan y'u gwelais gyntaf erioed' (*HII* 16, t. 267), ac eto:

Y mae talaith Touraine, paradwys Ffrainc, tir y dyfroedd tawel a'r preswylfeydd llonydd, yn deg odiaeth ... Y mae y Rhôn a'r Rhein yn llifo'n fawreddog mewn mannau ... Y mae'r Alpau yn uchel iawn. (*HI* 13, t. 206)

Ac yna: 'Mi a welais unwaith yn un o ddarlunfeydd Brwsel ddarlun o ŵr prudd yr olwg, yr oedd ei lygaid dwysion yn syllu arnaf ym mha fan bynnag y safwn' (*HII* 21, t. 347). Ehangodd orwelion ei wrandawyr wrth eu gwreiddio yn yr Ysgrythurau Sanctaidd a'u haddysgu yn y ffydd, a gwneud hynny yn amlach na pheidio gyda threiddgarwch, cydymdeimlad a sensitifrwydd mawr.

Gwyddai'n iawn am ddeuoliaethau'r cyflwr dynol, ei lawenydd a'i ofid, a gallai eu darlunio'n gofiadwy:

> Chwi a glywsoch, ond odid, am Carlini, un o gomediwyr enwocaf yr Eidal, iddo fyned unwaith at feddyg i geisio iachad o'r pruddglwyf parhaus oedd arno. Gan nad oedd y meddyg yn adnabod y chwareuwr yn ei ddillad cyffredin, dywedyd a wnaeth efe wrtho; 'Ai cael gwared o'r pruddglwyf a fynnech? Ewch i'r chwareudy i glywed Carlini, ac wrth lewyrch ei wynepryd siriol ef, fe ddiflanna'ch prudd-der fel cwmwl'. 'Ow, feddyg da', ebe'r chwareuwr, 'myfi *yw* Carlini, a phan y bydd fy nhafod yn gyrru chwerthin ar y gynulleidfa, y pryd hwnnw y bydd fy nghalon i dristaf'.

Ac yn sgil dwyster y portread hwn meddai Emrys ymhellach:

> A glywsoch chwi grechwen y llymeitiwr yn y dafarn, neu a welsoch chwi trwy y ffenestr rai yn dawnsio yn hoyw yn un o balasau Pall Mall? A ydynt hwy yno am eu bod yn llawen, ai ynteu am eu bod yn gyffredin o drist? O! Pe gallech ddarllen eu calonnau neu ynteu eu dilyn i'w cartrefi, chwi a ddywedech nad yw eu llawenydd ond modfedd o wynfyd ar lathen o wae. (*HII* 8, tt. 127-8)

O ran cynnwys y pregethau, dilyn themâu canolog y Gristnogaeth glasurol yn ei gwedd Fethodistaidd a wnaeth. Er iddo arddel dilysrwydd beirniadaeth feiblaidd, ymwrthododd â'r rhyddfrydiaeth ddiwinyddol honno a fynnai hollti rhwng Iesu hanes, rabbi syml Galilea, a Christ y credoau: 'Crist yr apostolion yw'r Crist y'n gwahoddir ni ato' (*P* 15, t. 166), meddai. Ac yntau wedi'i wreiddio'n gadarn yn ei draddodiad, gwyddai hefyd fod rhaid ymateb yn ddeallus i heriau cyfoes fel esblygiad ac athroniaeth cynnydd:

> Os ydyw athrawiaeth ymddatblygiad wedi datguddio i ni rywbeth am Dduw, dysgu y mae hi ei fod ef mewn creadigaeth ac mewn iachawdwriaeth hefyd yn gweithredu yn raddol ac nid yn ddisymwth, trwy beri i'r naill beth darddu o'r llall, neu beri i'r un peth fyned rhagddo yn rheolaidd o'r naill gyflwr i'r llall. (*HI* 24, t. 355)

Os oedd yn amheus o Galfiniaeth am iddi orbwysleisio sofraniaeth Duw ar draul rhyddid ewyllys dyn, rhoes le teilwng yn ei gyfundrefn i sancteiddrwydd Duw, duwdod Crist yn ogystal â'i ddyndod, ac aberth y groes fel sail iachawdwriaeth pechadur. Gallai ysgrifennu'n swynol iawn am dynerwch Duw ac apêl oesol yr efengyl:

> Y mae'r Arglwydd yn rhy urddasol i grochlefain ar ddynion; ei arfer yn hytrach yw siarad dan ei lais, am hynny os mynnant ei glywed ef rhaid iddynt ymgadw yn agos ato ... Y mae sŵn cras y bywyd cyffredin a elwir yn fywyd gwareiddiedig yn boddi seiniau isel, tyner y byd ysbrydol. (*HII* 2, tt. 26, 25)

Pan fyddai, ar y llaw arall, yn sôn am ofnadwyaeth pechod a realiti'r farn, gallai ei rethreg (fel y nododd R. T. Jenkins gynt) fod yn arswydus effeithiol:

Am fy mod yn rhy urddasol i'th geryddu yn barhaus ac yn rhy drugarog i'th gosbi yn ddioed ... yr wyt yn tybied fod dy bechodau mor ddibwys yn fy ngolwg i ag ydynt yn dy olwg dithau, a bod mor hawdd gennyf eu hanghofio ag ydyw gennyt tithau eu hanghofio ... Pechaist ti yn anhrefnus ddigon, gan fwrw dy feiau brith-draphlith i fedd angof, ond myfi a'u hatgyfodaf o'r bedd hwnnw, ac a'u dosbarthaf yn finteioedd yn ôl eu math, eu maint a'u lliw. Ar ôl eu trefnu, rhof orchymyn iddynt i gychwyn yn un fyddin fawr yn dy erbyn, a gwae di pan ddelont ar dy warthaf. Yr wyt ti yn awr yn pechu, a Duw yn tewi, ond tewi y mae am ei fod yn trefnu ei fyddin draw. Pe gogwyddit dy glust i wrando, buan y clywit sŵn traed dy hen bechodau yn cerdded tuag atat ... Oni weli di'r llwch yn ymgodi oddi ar ffordd ddistryw, yng nglyn cysgod angau, tua gororau niwlog tragwyddoldeb?

Gyda hynny mae'r ddrama yn dwysáu:

Y mae'r Philistiaid arnat ti Samson! Y mae Deleila wedi troi yn ffals! Y mae dy annwyl bechodau wedi myned yn elynion! A raid i Dduw fod yn elyn i ti er mwyn dy boeni? ... A raid wrth dân a brwmstan i wneud dy uffern yn boeth? Na raid ddim ... Pa beth yw disgyn i uffern amgen na myned i lawr, i lawr i ddyfnderoedd dy gof a'th gydwybod dy hun? Pa beth yw bod yn uffern amgen na bod byth yng nghymdeithas dy hen feddyliau a'th hen weithredoedd? Â rhaffau ei bechod ei hun y delir yr annuwiol ...
... Tydi sydd heb Dduw ac heb Grist, y mae dy hen bechodau fel ysbrydion, yn ymdroi o hyd o'th amgylch, ac y mae yn rhyfedd iawn gen i, os na chlywaist hwynt rywbryd yn nhrymder y nos yn sibrwd yn dy glust 'Cawn weled ein gilydd eto ar faes y farn.' (*HI* 4, tt. 71, 73)

Dewisach ganddo, fodd bynnag, oedd defnyddio'r un dychymyg byw i ddarlunio rhin aberth Crist a graslonrwydd yr efengyl:

> Fy nghyd bechadur, gwna dithau yr awr hon yr hyn a wnaeth
> Duw ar Galfaria. Casgl ynghyd holl bechodau dy oes, a
> rhwym hwynt ynghyd yn un pwn, a dod y pwn hwnnw ar
> ysgwyddau 'yr hwn a wnaed yn bechod trosom ni, fel y'n
> gwnelid ni yn gyfiawnder Duw ynddo ef'. Y mae hwn yn ŵr
> sy gyfaill i Dduw, a daeth ei gyfaill ef yn frawd ac yn briod
> i ti, a thrwy yr undeb priodasol hwn, aeth dy holl ddyled di
> arno ef, a daeth ei gyfoeth yntau yn eiddo i ti. (*HI* 6, t. 98)

Fel y dywedodd Alun Llywelyn-Williams, yn y darnau hynny o'r *Homilïau* sy'n trafod natur cariad Duw, mae Emrys yn aml ar ei orau.

Ac yntau wedi dadansoddi arddull a chynnwys awduron Cymraeg y Diwygiad Protestannaidd a'r Dadeni Dysg, Maurice Kyffin, John Davies Mallwyd, Edward James cyfieithydd *Llyfr yr Homilïau*, Ellis Wynne ac eraill, safai Emrys, fel Erasmus Roterodamus gynt, ym mhrif ffrwd y ddyneiddiaeth Gristnogol Ewropeaidd. 'Parchwn y Beibl yn anad yr un llyfr', meddai, 'ond parchwn hefyd y rheswm a roddwyd inni ddeall y Beibl, a pharchwn y gydwybod a roddwyd inni gyd-dystiolaethu â'r gwirioneddau tragwyddol sydd yn y Beibl. (*HI* 8, t. 123). Meddai ar adnabyddiaeth drwyadl o'r natur ddynol, yn enwedig pan oedd hi wedi'i chynysgaeddu â gras:

> Astudia Dduw trwy ddarllen llyfr Duw, astudia ddynion
> trwy ddarllen llyfrau dynion a thrwy ymgymysgu â dynion,
> astudia'r greadigaeth trwy sylwi ar grawen y ddaear ac ar
> wyneb yr wybren, ac os mynni fod yn greffftwr ymarferol
> yn y deyrnas ysbrydol, astudia yr un pethau ynot dy hun
> hefyd. (*HI* 16, t. 248)

I'r sawl a all ymateb i rin geiriau heb sôn am gyfaredd y bywyd ysbrydol, erys apêl ryfeddol yn yr anogaethau hyn.

Yr hyn sy'n taro darllenydd wrth bori o'r newydd yng ngweithiau Emrys, yr *Homilïau* yn arbennig, yw eu blaengarwch ac yn aml iawn eu cyfoesedd anghyffredin. Mae'r pwyslais mawr ar amrywiaeth ddiwylliannol ac ieithyddol ar draul unffurfiaeth ormesol yr un mor berthnasol i ni ag ydoedd i'w gynulleidfaoedd yn Nyffryn Clwyd ganrif a chwarter a mwy yn ôl. Mae rhywbeth atgyfnerthol yn y dyb nad oes dim wedi'i ymdynghedu ond bod dyfodol y Gymraeg yn dibynnu ar ewyllys ei siaradwyr. Galwad i weithredu sydd ganddo ac nid i ildio'n ddioglyd i ddiddymdra anorfod. Wrth herio rhagdybiaethau'r Ddarwiniaeth ffasiynol yn enw rhyddid sofran yr ewyllys, tarodd nodyn heriol iawn. Er yn drwyadl glasurol o ran ei gredo, ni pherthynai iddo'r elfen leiaf o obsciwrantiaeth. Fel y dengys ei sylwadau beiddgar ar yr elfen fenywaidd yn y duwdod, a'i dreiddgarwch ynghylch seicoleg pechod, fod colli ewyllys rydd yn gosb ynddo'i hun, cyfunodd uniongrededd glasurol yr eglwys â chreadigrwydd athrawiaethol hynod. Prin y bu neb tebyg iddo ymhlith ei gyfoeswyr.

A oes gan Emrys ap Iwan air ar gyfer y dwthwn hwn? Aeth canrif a mwy heibio er i T. Gwynn Jones, ac yna genhedlaeth Saunders Lewis, gael eu gwefreiddio gan ei fywyd a'i waith, a mynd ati i ail-greu Cymru, orau a fedrant, yn unol â'i weledigaeth. Am ryw hyd, yn enwedig yn y cyfnod rhwng darlith 'Tynged yr Iaith' yn 1962 a sefydlu'r Cynulliad Cenedlaethol (a droes bellach yn Senedd Cymru) yn 1999, roedd argoelion bod rhai, beth bynnag, o werthoedd a rhagdybiau 'Traddodiad Emrys ap Iwan', chwedl Dafydd Glyn Jones, wedi'u cymathu i ymwybyddiaeth ganolog y Gymru Gymraeg gyfoes. P'un ai bod hynny'n wir am Gymru'r unfed ganrif ar hugain sy'n gwestiwn arall. Ildiodd y cysyniad o gymdeithas i unigolyddiaeth fras; ymddengys mai ychydig yw'r stôr a roir ar wreiddiau, traddodiad a swyn y gorffennol mwyach, a bu globaleiddiwch technolegol y cyfryngau cymdeithasol yn drech na chlasuriaeth, Ewropeaeth a gwarineb. Daeth realiti 'gwledydd cred' i ben, a 'Breuddwyd Pabydd' neu beidio, prin y byddai plant canol yr ugeinfed ganrif heb sôn am Emrys ei hun wedi medru rhagweld newidiadau syfrdanol y Gymru newydd.

Ond eto mae Cymru yn bod, ac er gwaethaf seciwlareiddio carlamus y degawdau diwethaf mae'r gwirioneddau ysbrydol yn parhau. Gall cenedl bliwralaidd ei chred ac amrywiol ei gwerthoedd ddal i werthfawrogi hygrededd, athrylith a rhinwedd, ac fel y gwelsom, mae am y mwyaf o'r rheini yn yr *Homilïau*. I rai ohonom beth bynnag, erys y datguddiad yng Nghrist yr un mor wir ag erioed. Mae swyn ynghyd â doethineb yng ngwirebau ac epigramau Emrys, ac mae rhai ohonynt yn aros yn hir yn y cof:

> Mae gwneuthur pechadur yn gyfiawn yr un peth a'i wneuthur yn lân, ac ni ellir ei lanhau heb ei olchi, na'i olchi bob amser heb ei rwbio a'i sgrwbio, a hynny yn erbyn y graen (*HI* 6, t. 97);
>
> Gydag Ef byddai'r ddaear yn nefoedd, ac hebddo Ef byddai'r nefoedd yn uffern (*HI* 8, t. 128);
>
> [Gochelwn] y gwareiddiad sy'n gwellau cyflwr dynion heb wellau dim ar eu natur, y gwareiddiad sy'n eu galluogi i fyw yn foethus heb eu dysgu i fyw yn foesol (*HII* 1, t. 12);
>
> Y mae'r cariad sydd yn gwaedu yn gynhesach na'r cariad sydd yn gwenu (*HII* 8, t. 122);
>
> Tosturiwch wrth y rhai y mae yn well ganddynt fwyniant pechod dros amser na mwyniant crefydd dros byth (*HII* 8, t. 129).

Mae ugeiniau o rai tebyg, ynghyd â lliaws o frawddegau a pharagraffau coeth, cain a chaboledig yn ei waith. Meddai Ezra Roberts yn ei ragymadrodd i gyfrol gyntaf yr *Homilïau*:

> Yr oedd ganddo arabedd, gwatwareg a hoen ... Y canlyniad yw fod ei *Homilïau* yn llwythog o gyfarwyddiadau, cynghorion, rhybuddion, ie, a cheryddon hefyd. Ond nid pethau eiddil diflanedig mohonynt chwaith, ond pethau byw, ac *i* fyw.[17]

Hoffwn feddwl fod hynny yr un mor wir heddiw ag erioed.

Nodiadau

1 'Cymraeg y Pregethwr', yn D. Myrddin Lloyd (gol.), *Detholiad o Erthyglau a Llythyrau Emrys ap Iwan, II: Ieithyddol a Llenyddol* (Y Clwb Llyfrau Cymraeg, 1939), tt. 45–73 [72–3].
2 *HI* 14, t. 234; gw. uchod, t. 95.
3 T. Gwynn Jones, *Emrys ap Iwan: Cofiant* (Caernarfon: Cwmni'r Cyhoeddwyr Cymreig, 1912), t. 24.
4 'Paham y Gorfu'r Undebwyr (1895)', yn D. Myrddin Lloyd (gol.), *Detholiad o Erthyglau a Llythyrau Emrys ap Iwan, 1: Gwlatgar, Cymdeithasol, Hanesiol* (Y Clwb Llyfrau Cymraeg, 1937), tt. 23–41 [24].
5 Dyfynnwyd yn Jones, *Cofiant*, t. 63.
6 Jones, *Cofiant*, t. 62.
7 Jones, *Cofiant*, t. 64.
8 'Y Llo Arall', yn Lloyd (gol.), *Detholiad o Erthyglau a Llythyrau Emrys ap Iwan I: Gwlatgar, Cymdeithasol, Hanesiol*, tt. 51–61 [59].
9 'Y Llo Arall', t. 59.
10 Gw uchod, tt. 95–102; cf D. Densil Morgan, 'Basel, Bangor a Dyffryn Clwyd: mater y genedl yng ngwaith Karl Barth ac eraill', yn Gareth Lloyd Jones (gol.), *Cyfamod a Chenadwri: Cyfrol Deyrnged i'r Athro Gwilym H. Jones* (Dinbych: Gwasg Gee, 1995), tt. 149–73.
11 Jones, *Cofiant*, penodau 6 a 7; Trebor Lloyd Evans, *Lewis Edwards, ei Fywyd a'i Waith* (Abertawe: Gwasg John Penry, 1967), tt. 162–7; Saunders Lewis, 'Emrys ap Iwan yn 1881', yn R. Geraint Gruffydd (gol.), *Meistri'r Canrifoedd: Ysgrifau ar Hanes Llenyddiaeth Gymraeg* (Caerdydd: Gwasg Prifysgol Cymru, 1973), tt. 371–6.
12 D. Densil Morgan, *Lewis Edwards* (Caerdydd: Gwasg Prifysgol Cymru, 2009), tt. 215–25.
13 Gw. 'Dr Edwards a'r Achosion Saesneg', yn D. Myrddin Lloyd (gol.), *Detholiad o Erthyglau a Llythyrau Emrys ap Iwan III: Crefyddol* (Y Clwb Llyfrau Cymraeg, 1941), tt. 81–90.
14 'Y Cyfarfod Gweddi', yn Lloyd (gol.), *Detholiad o Erthyglau a Llythyrau Emrys ap Iwan III: Crefyddol*, tt. 73–9 [74].
15 Jones, *Cofiant*, t. 112.
16 Gw. Lewis, 'Homilïau Emrys ap Iwan', Gruffydd (gol.), *Meistri'r Canrifoedd: Ysgrifau ar Hanes Llenyddiaeth Gymraeg* t. 380; am nodweddion pregethwyr Ffrainc yr ail ganrif ar bymtheg, gw. Yngve Brilioth, *A Brief History of Preaching* (Philadelphia: Fortress Press, 1965), tt. 147–50.
17 Cyflwynair, *Homilïau, gan y diweddar Barch. R. Ambrose Jones, 'Emrys ap Iwan'* (Dinbych: Gee a'i Fab, 1906), t. 8.

Mynegai

A

Abergele, ix, 2, 11, 18, 21, 28,
  38–9, 123
Bryn-aber, ix, 38
Castell Gwrych, ix, 38
Ffordd-las, rhestai, ix, 38
Mynydd Seion, ix, 2, 39
Abraham, 33
Actau'r Apostolion, 37
Adams, David, 36
Aifft, Yr, 31
Alban, Yr, 29, 41
Almaen, Yr, ix, 43, 120
  Sgeptigiaeth beirniaid
    diwinyddol, 32
Almaeneg, 3
Alpau, Yr, 124–5
Anghydffurfiaeth, 69–70
Annibynwyr, 12, 36
Arius, 58
Athrawiaeth yr Iawn, *gw.* 'Crist,
  ei Waith'
Athrawiaeth yr Ymgnawdoliad,
  gw. 'Crist, ei Berson'
Awstin, 15

B

Babilon, 30
  Chwedlau cyntefig, 30
  Y Gaethglud, 30, 33
Bala, Y, 6, 28, 119
  Coleg y Bala, ix, 15, 28, 39,
    45, 46, 119

Baner ac Amserau Cymru, [x], 2,
  10, 14, 95, 96, 120, 121, 123
Bardd Cwsg, Y, *gw.* 'Ellis Wynne'
Barrès, Maurice, 3–4
Barth, Karl, 12
Bebb, W. Ambrose, 8
Bedydd, 88–90
Beibl, Y
  Anffaeledigrwydd, 28, 30,
    32–3, 34–5
  Awdurdod, 34, 36, 38, 39, 42
  Beirniadaeth Efengylaidd, 35
  Beirniadaeth Feiblaidd, 28, 30,
    46
  Llyfr Eseia, awduron, 29, 34
  Llyfr Genesis, elfennau
    chwedlonol, 29
  Ysbrydoliaeth ddwyfol, 28, 29,
    30, 32–3, 34, 35, 36
  gw. hefyd Hen Destament, Yr;
    Testament Newydd, Y
Bellingham, Henry, 43
Betws-yn-Rhos, 2
Bioleg, 29, 46
Bodelwyddan, ix
Bonhoeffer, Dietrich, 74
Bonn, ix, 36, 120
Bossuet, Jacques-Bénigne, 43, 124
Bourdaloue, Louis de, 124
Bowen, Geraint, 16–17
'Breuddwyd Pabydd ...', *gw.*
  'Emrys ap Iwan'
Brown, James Baldwin, 107

Brwsel, 125
Bucer, Martin, 43
Bullinger, Heinrich, 43
Byddin yr Iachawdwriaeth, 44

C
Caergaint, 43
Caer-grawnt, 29
Calfiniaeth, 39, 41–2, 49, 53, 126
Calvin, John, 32, 39, 41–2, 53, 91–2
Camrau mewn Grammadeg Cymraeg, gw. 'Emrys ap Iwan'
Carlini (digrifwr Eidalaidd), 125
Catholigiaeth, 5, 8, 15, 22, 42, 43, 44, 80
Cenedlaetholdeb, 1–6, 15, 20, 95–102
Cerdd Dafod, 11
Chalcedon, Diffiniad, 57
'Clasuron Cymraeg, Y', *gw.* 'Emrys ap Iwan'
Clwb Llyfrau Cymraeg, Y, 9
Coates, John (hen-hen-daid i Emrys ap Iwan), 39
Coates, Margaret (hen-nain i Emrys ap Iwan), 39
Colum, Padraic, 3
Courier, Paul-Louis, 9, 10, 44, 120
Cousin, Victor, 45
Cranmer, Thomas, 43, 91
'Crefydd a Gwareiddiad', *gw.* 'Emrys ap Iwan'
Crist, ei Berson, 57–61, 63–7
Crist, ei Waith, 61–3
Cronin, Michael, 102
Culte du moi, Le, (Barrès), 3
Cyfiawnhad trwy ffydd, 72
'Cyfraith Moses a'r Proffwydi a'r Salmau', *gw.* 'Emrys ap Iwan'
Cyfrifiad Crefyddol 1851, 69

Cymdeithas Emrys ap Iwan, Abergele, 11, 18–19, 20, 21, 82–3
'Cymraeg y pregethwr', *gw.* 'Emrys ap Iwan'
'Cymru Gelwyddog', *gw.* 'Emrys ap Iwan'
'Y Clasuron Cymraeg', *gw.* 'Emrys ap Iwan'

Ch
Chalmers, Thomas, 79
Charles, Thomas
   Y Geiriadur, 90
   Yr Hyfforddwr, 90, 107

D
Dadeni Dysg, Y, 128
Daeareg, 29, 46
Daniel, J. E., 12
Darwiniaeth, 121, 129
Davies, Gwilym, 13
Davies, John (Mallwyd), 128
Davies, Richard, 43
De Excidio (Gildas), 20
Derfel, R. J., 19
Detholiad o Erthyglau ... (1937–41), *gw.* 'Emrys ap Iwan'
Diarhebion, Llyfr y, 33–4
Dilyw, Y, 33
Dinbych, [x], 2, 123
Diwygiad Methodistaidd, Y, 4, 10, 15
Diwygiad Protestannaidd, Y, 10, 32, 43, 128
Duw, ei briodoleddau, 51–2
Duw, ei dadolaeth, 55–6
Duw, ei gariad, 52, 65–6, 87–8
Duw, elfennau benywaidd, 56
Duw, etholedigaeth gras, 32, 52–3, 55
Duw, y Drindod Sanctaidd, 49–50

Mynegai

Duw, yr Ysbryd Glân, 50
Drysorfa, Y, 123
Dyffryn Clwyd, ix–[x], 2, 13–14, 15, 70, 119, 124, 129
  Cyfarfod Misol, ix–[x[, 119, 122

Dd
Ddraig Goch, Y, 11
'Ddwy Alwedigaeth, Y', *gw.* 'Emrys ap Iwan'

E
Edwards, Charles, 10
Edwards, Hywel Teifi, 18
Edwards, Lewis, ix, 2, 15, 28, 39, 45, 46, 55, 64, 79, 119–20, 121, 122
  Athrawiaeth yr Iawn, 39, 40, 61
  'Cysondeb y Ffydd', 53
  'Ysbrydoliaeth yr Ysgrythur', 28
Edwards, O. M., 6, 16, 17
Edwards, Thomas Charles, 45–6
  Y Duw-ddyn, 46, 64
  'Yr Iawn', 64
Efrydydd, Yr, 6
Eglwys Rydd yr Alban, 29
'Eglwys a Difyrrwch yr Oes, Yr', *gw.* 'Emrys ap Iwan'
Eglwysyddiaeth, 80–2
Eidal, Yr, 125
Eidaleg, 3
'Emrys ap Iwan' (Robert Ambrose Jones), *passim*
  Adwaith i syniadau, 11–13
  Addysg glasurol a ieithoedd modern, 28
  Arddull, iaith a gramadeg, 20
  Artist cywrain gyda geiriau, 16
  Arwr i gyfranwyr *Y Wawr,* 8
  Athro yn Lausanne (1872–5), ix, 39, 119

'Breuddwyd Pabydd ...', 8, 16, 22–3, 42–4, 80, 129
Bywgraffiad amseryddol, ix–[x], 38–9
Camrau mewn Grammadeg Cymraeg, [x], [xi], 123
Cenedlaetholdeb, 15, 19–20
'Clasuron Cymraeg, Y', 11, 45, 123
Cyfeillgarwch â T. Gwynn Jones, 2
'Cyfraith Moses a'r Proffwydi a'r Salmau', 29–32
'Cymraeg y pregethwr', 46, 95
'Cymru Gelwyddog', 40, 70, 74
Cyfnod yn Lerpwl yn brentis siopwr, ix, 39
Cyngor i fyfyrwyr am bregethu, 119
Cynllunio y Tabernacl, Rhuthun, 21
Defnydd o ryddiaith Gymraeg, 15
Defnyddio ffugenwau, 121
Derbyn aelodau eglwysig, 86
Detholiad o Erthyglau ... (1937–41), [xi], 9, 27, 30, 34, 38, 41, 42
Disgyblaeth eglwysig, 83–5
Dychan, eironi, coegni, 14–15, 23, 43–4, 120
Epigramau a gwirebau, 130
Esbonwyr Beiblaidd, barn ar, 35–6
Ewropeaeth, 2, 5, 19, 21, 120–1, 128
Golygiad o'r *Bardd Cwsg* (1898), 123
Gwaed Ffrengig, 38–9
'Gweddi a Gwaith', 96, 97
Gweinyddu priodas T. Gwynn Jones, 3

Gwleidyddiaeth, 20, 123
Gwrthod ei ordeinio yn Llanidloes, 122
Hoffter at blant, 82–3
Homilïau, [x], [xi], 2, 6, 7, 9, 14, 16–17, 18, 27, 39, 44, 46, 119, 123, 124, 128–9, 130
Hyfforddi aelodau yn Gristnogion cywir, 38
'Inglis Côs', 2, 39, 46, 120
Is-olygydd *Y Faner*, [x], 3
Lle'r genedl yn yr arfaeth, 20
'Llenyddiaeth Grefyddol y Cymry Gynt', 46, 95, 123
Marwolaeth, [x], 3, 123
Methu pregethu heb bapur o'i flaen, 7
Moesegwr efengylaidd, 41
Nodweddion ei gymeriad, 123
Ordeinio'n weinidog, [x], 53
Pregethau, natur lenyddol, 7, 20
Pregethau ... (d.d.), [xi], 8, 9, 27, 123
Pregethu, ei natur a'i phwrpas, 86–7
Rhagluniaeth ddeinamig a chreadigol, 121
Rhethreg arswydus, 126–7
Sectyddiaeth, beirniadaeth arni, 79–80
'Traddodiad Emrys ap Iwan', 17, 129
'Y Dwymyn Seisnig yng Nghymru, Y', 120
'Y Ddwy Alwedigaeth', 102
'Y Ddysg Newydd a'r Hen', 80, 96, 98–9
'Y Clasuron Cymraeg', 95
'Yr Eglwys a Difyrrwch yr Oes', 79
Encyclopaedia Britannica, 29

Erasmus, 128
Esblygiad, 46, 126
Eschatoleg, 107–18
  Cosbedigaeth dragwyddol, 107–12
  'Eschatoleg gyflawnedig', 112
  Iaith ffigurol, 110–11, 112
  Y Farn, 126–7
  'Y gobaith ehangach', 108
  Y mil blynyddoedd, 113
  Y purdan, 114
Esra, 31, 33
Evans, Gwynfor, 18
Evans, Theophilus, 10
Ewrop, dylanwadau Ewropeaidd, 2, 6, 19–20, 121, 129

F
Faner, Y, *gw.* Baner ac Amserau Cymru
Finsent o Lérins, 80
Forwyn Fair, Y, 60–1
Forsyth, P. T., 7–8

Ff
Ffasgwyr, 12, 13
Ffrangeg, 3, 10
Ffrainc, 6, 8, 10, 14, 15, 41, 120, 124, 125
  Myth fod hen-nain Emrys ap Iwan yn Ffrances, 38–9
Ffransis, Sant, 14
Ffydd, ei natur, 78
Ffydd a gweithredoedd, 69–76

G
Galilea, 126
Gee, Thomas, [x], 1, 2, 95
Genefa, 41, 42
Genesis, Llyfr, 33
Geninen, Y, 8, 29, 32, 95, 123
Giessen, ix, 120
Gildas, 20

Mynegai

Gorchymyn diwylliannol, Y, 102–5
Göttingen, 33
Gruffydd, W. J., 6, 11
Gwasg Gee, [x], 123
'Gweddi a Gwaith', *gw.* 'Emrys ap Iwan'
Gwyddelod, 3, 22
Gwyddoniadur Cymreig, Y, [x], 123

H
Hebreaid, Epistol at yr, 38
Heddiw (1936), 8
Heidelberg, ix, 120
    Castell Heidelberg, 124
Hen Destament, Yr, 27, 28, 29, 30, 34, 38
    Llên broffwydol, 34
    Penderfynu ar y canon, 31, 33–4
    Pregethau'n seiliedig ar, 27
    gw. hefyd Diarhebion, Llyfr y; Genesis, Llyfr; Joshua, Llyfr; Salmau, Llyfr y; Smith, W. Robertson
Historia Brittonum (Nennius), 20
Homilïau, *gw.* 'Emrys ap Iwan'
Hooson, John, 13
Hosea, 34
Hugo, Victor, 124

I
Iago, Epistol, 33
'Inglis Côs', 2, 39, 46, 90, 120–2
Iddewon, 31
    Deddfau Iddewig, 30
    Dychymyg crefyddol y meddwl Hebreig, 33
    Offeiriadaeth ddefodol, 31
    Ioan, 'Y Disgybl Annwyl', 36
    Efengyl, 36
    Epistolau, 35
Iseldiroedd, Yr, 33
Israel, 29, 31, 34

Iwerddon, 22
    gw. hefyd Gwyddelod

J
James, Edward, 10, 128
Jan, Emrij van (ffugenw), 121
Jarman, A. O. H., 11–12
Jenkins, R. T., 6–8, 44–5, 126
Jeremeia, 34
Jewel, John, 91
Jones, Bobi (R. M.), 13, 18, 20–1
Jones, D. Gwenallt, 19
Jones, Dafydd Glyn, 13, 17, 19–20, 22, 129
Jones, Gwilym H., 21–2
Jones, Isaac (tad T. Gwynn Jones), 2
Jones, J. T. ('John Eilian'), 8
Jones, John (tad Emrys ap Iwan), ix, 2, 38, 39
Jones, Margaret (chwaer Emrys ap Iwan), 123
Jones, Maria (mam Emrys ap Iwan), ix, 38
Jones, Michael D., 19
Jones, R. Tudur, 18, 21, 34–5, 82
Jones, Robert Ambrose, *gw.* 'Emrys ap Iwan'
Jones, Thomas (Dinbych), 53
Jones, Thomas Gwynn, 1–3, 8, 13, 81, 129
    Emrys ap Iwan: Cofiant (1912), 1, 3, 4, 8, 39, 121
Joshua, Llyfr, 33

K
Kuenen, Abraham, 33
Kyffin, Maurice, 128

L
La Bruyère, Jean de, 10
La Fontaine, Jean de, 10
Lange, Johann Peter, 36
Lausanne, ix, 39, 44, 120

Lerpwl, ix, 39
Capel Bedford Street, 39
Lewis, Lodwig, 3
Lewis, Saunders, 1, 3, 6, 8, 9, 10,
    11, 12, 13, 15, 17, 21, 41, 61,
    123, 129
Lloyd, D. Myrddin, [xi], 6, 8,
    17–18
Lloyd, D. Tecwyn, 18
Luther, Martin, 32, 42, 43, 91
Lutry, ix

Ll
Llanidloes
    Cymdeithasfa/Sasiwn (1881),
    [x], 39–40, 122
Llenor, Y, 6, 8
'Llenyddiaeth grefyddol y Cymry
    gynt', *gw.* 'Emrys ap Iwan'
Lloegr, 6, 20, 22, 120
Llwyd, Morgan, 10, 45
Llyfr yr Homilïau, 10, 128
Llyfrau'r Ford Gron, 8
Llywelyn-Williams, Alun, 16, 17, 128

M
Martensen, Hans Lassen, 40, 45,
    51
Massillion, Jean-Baptiste, 124
Maurice, F. D., 107
Melanchthon, Philipp, 43
Methodistiaid Calfinaidd, 2, 3,
    32, 38, 39, 45, 46, 121, 123
    Cyffes Ffydd (1823), 39–40, 53,
        61, 90, 107
    Sefydlu achosion Saesneg,
        120–1
    gw. hefyd Diwygiad
        Methodistaidd; Dyffryn
        Clwyd (Cyfarfod Misol);
        Llanidloes (Cymdeithasfa
        1881); Wyddgrug, Yr
        (Cymdeithasfa 1883)

Morgan, Enid, 18
Morgan, William, 43
Morgan, Y Tad, SJ, 22, 43
Morris-Jones, John, 11
Moses, 28, 30, 31

N
Natsïaeth, 12
Nennius, 20
Newman, John Henry, 5–6, 8, 113

O
Oberammergau, 66
Oes Victoria, 1–2, 4, 6, 8, 20, 23
    Beirniadaeth ar grefydd, 20, 23
Owen, Daniel
    Hunangofiant Rhys Lewis, 70, 83
    Profedigaethau Enoc Huws, 70, 83
Owen, John (golygydd *Pregethau*),
    [xi], 8–9
Owen, John (Rhuthun), 83

P
Parry, John, ix, 28, 119
Pascal, Blaise, 10, 15, 18, 40, 44,
    45, 124
    Pensées, 44
Paul, yr Apostol, 36–8
Peate, Iorwerth C., 11–13, 14, 17
Pechod, 126–7, 128, 129, 130
Pedr, Epistolau, 35
Penyberth, 9
Piwritan, 45
Plaid Genedlaethol Cymru, 4, 8,
    12, 13
Platon, 45
Pope, Alexander, 4
Pregethau ... (d.d.), *gw.* 'Emrys ap
    Iwan'
Presenting Saunders Lewis (1973),
    17
Prifysgol Cymru, etholiad (1943),
    11–12

Mynegai

Protestaniaeth, 22, 40, 42, 43, 45
Protestaniaeth efengylaidd, 40–1, 70, 73
Pulpit Bible, 45
'Pwy yw fy Nghymydog?', *gw.* 'Emrys ap Iwan'

Ph
Philistiaid, 127

Q
'Q' a'r broblem synoptig, *gw.* Testament Newydd, Y
Quevedo, Fransisco Gómez de, 124

R
Rees, Henry, 39, 115
Renan, Ernest, 45
Roberts, Ezra, [x], [xi], 2, 7, 82, 130
Roberts, O. Madoc, [xi], 8–9
Rowell, Geoffrey, 108, 115

Rh
Rhein, 125
Rhesymoliaeth, 43
Rhewl, [x], 82 123
Rhôn, 125
Rhufain, 37
Rhuthun, 2, 123
    Capel y Tabernacl, [x], 21, 75, 82
Rhyddfrydiaeth ddiwinyddol, 29
Rhyfel Byd Cyntaf, Y, 3–4, 8

S
Saesneg, 5, 6, 121
Saeson, 6, 39, 120, 121
Salmau, Llyfr y, 29, 32, 33
Saunders, David, 39, 115
Schaff, Philip, 36
Schleiermacher, Friedrich, 45

Seisnig, traddodiad diwinyddol, 8
Smith, W. Robertson, 29–30, 31, 32
Strasbourg, 43
Swistir, Y, ix, 12, 36, 41, 44, 120
Swper yr Arglwydd, 90
Synge, J. M., 3

T
'Tân yn Llŷn', Y, 9
Testament Newydd, Y, 27, 28, 35, 36, 38
    Epistolau Bugeiliol, 37
    Pregethau'n seiliedig ar, 28
    'Q' a'r broblem synoptig, 35
    gw. hefyd Actau'r Apostolion; Hebreaid, Epistol at yr; Iago, Epistol; Ioan, Epistolau; Pedr, Epistolau
Timotheus, 37
Touraine, 125
Traethodydd, Y, 13, 28, 123
Trefnant, [x], 82, 123
Trevethick, Iwan (ffugenw), 121
Tröedigaeth, cysyniad Emrys am, 77–8

V
Valentine, Lewis, 8, 9
Vaud, 44
Vinet, Alexandre, 44, 45

W
Wallasey, 3
Wawr, Y, 8
Wellhausen, Julius, 33
Williams, D. J. (Abergwaun), 8, 9
Williams, Ellis Wynne, 11
Williams, Griffith John, 8
Williams, Menai, 82–3
Wittenberg, 43
'Writers of Wales', 17–18

Wyddgrug, Yr
   Cymdeithasfa/Sasiwn (1883),
     [x], 53, 123
Wynne, Ellis, 10, 75, 123, 128

Y
Yeats, W. B., 3
Ymerodraeth Brydeinig, Yr, 6
Ymneilltuaeth, 6, 8, 22, 23

Ynys Prydain, 22
Ysbryd Glân, Yr, 32–3, 34
Ysgrythurau, 125
   gw. hefyd Beibl, Y

Z
Zurich, 43
Zwingli, Huldrych, 32, 43, 91, 92